Currys & Currys

Currys & Currys

90 Rezepte für mich und meine Freunde

Jody Vassallo
Fotos Deirdre Rooney

CHRISTIAN VERLAG

Einführung

Seit zwanzig Jahren bereise ich Thailand – ich liebe die Küche dieses Landes. Daher war meine Freude groß, als ich gefragt wurde, ob ich nicht ein Buch über thailändische und indische Currys schreiben wolle. So begab ich mich nach Indien, um meine Mission zu erfüllen: das Geheimnis der zahllosen Gewürze, die Basis der indischen Küche, zu ergründen.

In den hier vorgestellten Rezepten sind die einzigartigen Aromen und Düfte eingefangen, die ich im Laufe der Jahre entdeckte. Die Gerichte sind schnell und einfach zuzubereiten – und für jeden Geschmack ist etwas dabei. Falls Sie pikanter Gewürztes schätzen, verwenden Sie einfach mehr Currypaste oder Chili. Selbst gemachte Currypasten, für die Sie Rezepte am Ende des Buchs finden, sind das i-Tüpfelchen auf Ihren Currygerichten, es sind jedoch zahlreiche fertige Currypasten von guter Qualität im Handel erhältlich, die Sie verwenden können.

Ich wünsche Ihnen ebenso viel Vergnügen mit diesem Buch, wie ich es beim Kochen, Probieren und Genießen dieser Currys hatte.

Kaffirlimettenblätter

Schwarze Senfkörner

Tamarinde

Grüne Kardamomkapseln

Getrocknete rote Chilischoten

Asant *(Asafoetida)*

Zutaten

Garnelenpaste

Kleine grüne Chilischoten

Curryblätter

Geraspelter Palmzucker

Ghee

Asiatische Schalotten

Huhn und Ente

Huhn und Ente

Pikante Curry-Ente mit Ananas

Sollte frische Ananas nicht erhältlich sein, können Sie auch Ananas aus der Dose verwenden. Ideal wäre es, wenn Sie dieses Rezept mit einer fertig gebratenen Pekingente zubereiten könnten, die manche Chinarestaurants auch zum Mitnehmen anbieten. Falls Sie diese nicht organisieren können, nehmen Sie stattdessen Entenbrustfilets, die Sie zuerst in etwas Öl anbraten und danach in drei Stücke teilen. Rechnen Sie ein Entenbrustfilet pro Person.

Für 4–6 Personen
Vorbereitungszeit: 15 Minuten
Garzeit: 25 Minuten

400 ml Kokoscreme (Fertigprodukt oder cremige Schicht, die sich bei Kokosmilchkonserven oben absetzt)
2–4 EL rote Currypaste
250 ml Geflügelfond
2 Stängel Zitronengras, nur der helle Teil, leicht zerdrückt
1 fertig gebratene Pekingente von 1,6 kg, entbeint und in mundgerechte Stücke geteilt oder 4–6 Entenbrustfilets, angebraten und in je 3 Stücke geschnitten (siehe oben)
4 Frühlingszwiebeln, klein geschnitten
4 Kaffirlimettenblätter, fein gehackt
2 Tomaten, enthäutet und Samen entfernt
400 g Ananas, in große Stücke geschnitten
2 EL gehacktes Koriandergrün zum Garnieren

Die Kokoscreme in einen Wok gießen, die Currypaste hinzufügen. 5 Minuten erhitzen, dabei gelegentlich umrühren, bis die Currypaste intensiv duftet.

Den Geflügelfond zugießen, dann das Zitronengras, das Entenfleisch, die Frühlingszwiebeln, die Kaffirlimettenblätter, die Tomaten und die Ananasstücke untermischen. Zum Kochen bringen, die Temperatur senken und 15 Minuten offen einköcheln lassen.

Direkt vor dem Servieren mit dem Koriandergrün garnieren. (Abb. S. 13)

Huhn und Ente

Hähnchen „Kerala"

Kerala liegt im Süden Indiens und bedeutet „das Land der Kokosnuss". Und in der Tat wird dort sehr viel mit Kokosöl gekocht, und in den regionalen Currygerichten wird häufig Kokosmilch verwendet.

Für 4–6 Personen
Vorbereitungszeit: 15 Minuten
Garzeit: 45 Minuten

- 1 EL Pflanzenöl
- ½ TL Bockshornkleesamen
- 1 Zimtstange
- 1 TL Kardamomkapseln, leicht zerstoßen
- 2 kleine grüne Chilischoten, längs halbiert
- ½ TL Kurkuma (Gelbwurz)
- 12 Curryblätter
- 1 kleine rote Zwiebel, in Ringe geschnitten
- 1 kg entbeinte Hühnerkeulen, in dicke Streifen geschnitten
- 12 kleine Kartoffeln, nach Belieben geschält oder nur gebürstet
- 2 Möhren, in Scheiben geschnitten
- 1 grüne Paprika, in Streifen geschnitten
- 400 ml Kokosmilch
- ½ TL Salz
- 1 TL geraspelter Palmzucker oder brauner Zucker

Das Öl in einer großen Kasserolle erhitzen, die Bockshornkleesamen zugeben und 3 Minuten bei mittlerer Temperatur anbraten, bis sie zu knacken und zu hüpfen beginnen.

Die Zimtstange, die Kardamomkapseln, die Chilischoten, die Kurkuma, die Curryblätter und die Zwiebel hinzufügen. 5 Minuten erhitzen, bis die Zutaten gar und goldbraun gebraten sind.

Das Hähnchenfleisch zugeben, 5 Minuten anbräunen, danach die Kartoffeln, die Möhren, die Paprika, die Kokosmilch, das Salz und den Zucker hinzufügen. Alles zum Kochen bringen, dann die Temperatur senken, den Deckel auflegen und 15 Minuten leise köcheln lassen. Den Deckel abnehmen und weitere 15 Minuten sanft köcheln lassen. (Abb. S. 15)

Pistazienhuhn

Frische grüne Pistazien verleihen diesem Gericht eine ansprechende grüne Färbung. Das Curry ist relativ mild. Es wird pikanter, wenn Sie die Menge der Chilischoten erhöhen.

Für 4–6 Personen
Vorbereitungszeit: 25 Minuten
Garzeit: 1 Stunde

- 150 g geschälte Pistazien
- 2 kleine grüne Chilischoten
- 3 EL gehacktes Koriandergrün
- 3 EL Pflanzenöl
- 750 g entbeinte Hühnerkeulen, in Würfel geschnitten
- 1 kleine rote Zwiebel, gehackt
- 1 EL frisch geriebener Ingwer
- 3 Knoblauchzehen, gehackt
- 1 EL Garam Masala (siehe Seite 152)
- 250 ml Geflügelfond
- ½ TL Salz
- 125 ml süße Sahne

Die Pistazien mit kochendem Wasser überbrühen (blanchieren), abtropfen und abkühlen lassen. Zwischen zwei Lagen Küchenpapier reiben, sodass sich die Häute lösen.

Die Pistazien, die Chilischoten und das Koriandergrün zu einer cremigen Paste pürieren. Das Öl in einer großen Kasserolle erhitzen, dann das Hühnerfleisch darin bei mittlerer Temperatur anbraten, herausnehmen und beiseitestellen.

Die Zwiebel in der Kasserolle 10 Minuten goldbraun anbraten. Den Ingwer und den Knoblauch untermischen und 2 Minuten mit anbraten. Das Garam Masala hinzufügen und weitere 3 Minuten sanft anbraten, bis es zu duften beginnt.

Das Hähnchen zurück in die Kasserolle geben, den Geflügelfond zugießen, danach die Pistazienpaste, das Salz und die Sahne unterrühren. 30 Minuten unter häufigem Umrühren leise köcheln lassen, bis das Fleisch butterzart ist. (Abb. S. 17)

Hähnchen „Kerala"

Pistazienhuhn

Huhn und Ente

„Dschungel-Curry" mit Hähnchen

Gewöhnlich werden Thai-Currys mit Kokosmilch zubereitet – dieses Curry bildet die Ausnahme. Je nachdem, wie viel Currypaste Sie verwenden, wird das Gericht milder oder pikanter.

Für 4–6 Personen
Vorbereitungszeit: 15 Minuten
Garzeit: 15 Minuten

2 EL Pflanzenöl
1–2 EL grüne Currypaste
2 EL thailändische Fischsauce *(Nam pla)*
500 g entbeinte Hühnerkeulen, zerkleinert
500 ml Geflügelfond
200 g Bambussprossen aus der Dose, abgetropft
200 g junge Maiskölbchen (frisch oder aus der Dose)
100 g Thai-Auberginen, je nach Größe ganz oder zerkleinert
3 Kaffirlimettenblätter, zerkleinert
1 TL geraspelter Palmzucker oder brauner Zucker

Das Öl in einem Wok erhitzen, dann die Currypaste darin bei mittlerer Temperatur anbraten, bis sie intensiv duftet.

Die Fischsauce und das Hähnchenfleisch hinzufügen und 5 Minuten garen, bis das Fleisch zu bräunen beginnt. Mit dem Geflügelfond ablöschen, dann die Bambussprossen, die Maiskölbchen, die Thai-Auberginen und die Kaffirlimettenblätter hinzufügen. Zum Kochen bringen, die Temperatur senken und 5 Minuten leise köcheln lassen. Mit dem Zucker abschmecken.
(Abb. S. 18)

Huhn und Ente

Hähnchen mit Mango und Kokosmilch

Dies ist eines der zahlreichen Rezepte, in denen Tamarindenpaste (konzentriertes Tamarindenmark) verwendet wird. Die dicke braune Paste ist in Asialäden erhältlich.

Für 4–6 Personen
Vorbereitungszeit: 15 Minuten
Garzeit: 40 Minuten

2 EL Pflanzenöl
1 kleine rote Zwiebel, in Ringe geschnitten
3 große, rote getrocknete Chilischoten
1 TL Garam Masala (siehe Seite 152)
½ TL Kurkuma (Gelbwurz)
500 g entbeinte Hühnerkeulen, in dicke
  Streifen geschnitten
400 ml Kokosmilch
2 reife Mangos, geschält und in dicke Scheiben
  geschnitten
2 EL Tamarindenpaste (konzentriertes
  Tamarindenmark, Asialaden)
½ TL Salz
2 EL Koriandergrün, nur die Blättchen
1 kleine rote Zwiebel, in Ringe geschnitten,
  zum Garnieren

Das Öl in einer Kasserolle erhitzen, die Zwiebel darin 10 Minuten bei niedriger Temperatur goldbraun anbraten. Die Chilischoten, das Garam Masala und die Kurkuma hinzufügen und weitere 2 Minuten mit anbraten.

Das Hähnchenfleisch untermischen und 5 Minuten anbräunen. Mit der Kokosmilch ablöschen, dann die Mangos, die Tamarindenpaste und das Salz zugeben und zum Kochen bringen. Danach die Temperatur senken und 20 Minuten leise köcheln lassen, bis das Hähnchenfleisch gar ist. Unmittelbar vor dem Servieren mit dem Koriandergrün und der roten Zwiebel bestreuen. Falls gewünscht, vorher die roten Chilischoten herausnehmen. (Abb. S. 21)

Huhn und Ente

Thai-Curry mit Hähnchen

Die Kaffirlimettenblätter verleihen diesem Gericht einen einzigartig zitronigen Geschmack. Falls Sie keine frischen oder tiefgefrorenen Blätter bekommen können, kaufen Sie in einem asiatischen Feinkostgeschäft getrocknete Blätter, die Sie vor ihrer Weiterverarbeitung kurz in heißem Wasser einweichen. Bereiten Sie die Currypaste einmal selbst zu: Sie werden den Unterschied schmecken.

Für 4 Personen
Vorbereitungszeit: 15 Minuten
Garzeit: 20 Minuten

1 EL Pflanzenöl
500 g Hähnchenbrustfilet, zerkleinert
1–2 EL grüne Currypaste
400 ml Kokosmilch
4 Kaffirlimettenblätter, in Streifen geschnitten
200 g grüne Bohnen, zerkleinert
200 g Bambussprossen aus der Dose, abgetropft
2 EL thailändische Fischsauce *(Nam pla)*
2 EL geraspelter Palmzucker oder brauner Zucker
2 EL Koriandergrün, nur die Blättchen, zum Garnieren

Das Öl in einem Wok erhitzen, das Hähnchenfleisch darin 5 Minuten bei mittlerer Temperatur anbräunen. Die Currypaste hinzufügen und 3 Minuten erhitzen, bis sie intensiv duftet.

Mit der Kokosmilch ablöschen, die Kaffirlimettenblätter zugeben und zum Kochen bringen. Die grünen Bohnen und die Bambussprossen untermischen und 5 Minuten leise köcheln lassen, bis die Bohnen gar sind.

Mit der Fischsauce und dem Zucker abschmecken. Vor dem Servieren mit dem Koriandergrün garnieren. (Abb. S. 23)

Ente mit Litschis

Litschis gehören zu meinen Lieblingsfrüchten. In diesem Rezept bilden sie das perfekte Gegengewicht zum reichhaltigen Entenfleisch. Am besten verwenden Sie frische Litschis, die von Ende Oktober bis Ende Januar im Handel erhältlich sind.

Für 4–6 Personen
Vorbereitungszeit: 25–30 Minuten
plus 10 Minuten zum Entwässern der Auberginen
Garzeit: 20 Minuten

2 schlanke Auberginen, quer in Scheiben geschnitten
Salz
1 gebratene Ente
500 ml Kokosmilch
1–2 EL rote Currypaste
4 Kaffirlimettenblätter
400 g frische Litschis, geschält, oder geschälte Litschis aus der Dose
2 EL thailändische Fischsauce *(Nam pla)*
1 EL geraspelter Palmzucker oder brauner Zucker
2 EL Thai-Basilikum oder Koriandergrün, nur die Blättchen
1 große rote Chilischote, Samen entfernt und in feine Ringe geschnitten, zum Garnieren

Die Auberginenscheiben mit Salz bestreuen und 10 Minuten Wasser ziehen lassen. Anschließend ausdrücken und abspülen. In der Zwischenzeit die Ente in mundgerechte Stücke schneiden.

Die Kokosmilch in einem Wok erwärmen, danach die rote Currypaste unterrühren und 10 Minuten erhitzen. Währenddessen gelegentlich umrühren, damit die Mischung nicht am Wokboden ansetzt.

Die Entenfleischstücke, die Kaffirlimettenblätter, die Litschis, die Auberginen, die thailändische Fischsauce und den Zucker untermischen. Zum Kochen bringen, die Temperatur senken und 10 Minuten leise köcheln lassen.

Unmittelbar vor dem Servieren mit dem Thai-Basilikum und den Chiliringen garnieren. (Abb. S. 24)

Thai-Curry mit Hähnchen

Ente mit Litschis

Hähnchen süßsauer mit Mango

Dieses Rezept habe ich während eines Aufenthalts bei meiner Schwester in Cairns (Australien) kreiert. In ihrem Garten steht ein riesiger Mangobaum, und jeden Morgen war der Rasen unter diesem Baum mit über Nacht abgefallenen Früchten bedeckt. Ich wollte sie nicht verkommen lassen. So kam es, dass ich Mangos in alle Gerichte integrierte, die ich dort zubereitete.

Für 4–6 Personen
Vorbereitungszeit: 15 Minuten
Garzeit: 20 Minuten

- 1 EL Pflanzenöl
- 1–2 EL rote Currypaste
- 500 g Hähnchenbrustfilet, in Streifen geschnitten
- 4 Frühlingszwiebeln, in 5 cm lange Stücke geschnitten
- 125 ml Geflügelfond
- 250 ml Kokosmilch
- 6 Kaffirlimettenblätter, in feine Streifen geschnitten
- 230 g Wasserkastanien aus der Dose, abgetropft
- 2 feste Mangos, in dicke Scheiben geschnitten
- 1 EL thailändische Fischsauce *(Nam pla)*
- 1 EL Limettensaft
- 2 EL Koriandergrün, nur die Blättchen, zum Garnieren

Das Öl in einem Wok erhitzen, die rote Currypaste hinzufügen und bei niedriger Temperatur 3–5 Minuten anbraten, bis sie intensiv duftet. Das Hähnchenbrustfilet und die Frühlingszwiebeln zugeben und weitere 5 Minuten garen, bis das Fleisch kräftig goldbraun angebraten ist.

Mit dem Geflügelfond und der Kokosmilch ablöschen. Die Kaffirlimettenblätter, die Wasserkastanien und die Mangoscheiben untermischen. Zum Kochen bringen, die Temperatur senken und 5 Minuten leise köcheln, bis das Hähnchenfleisch gar ist.

Mit der thailändischen Fischsauce und dem Limettensaft abschmecken. Vor dem Servieren mit dem Koriandergrün garnieren. (Abb. S. 27)

Hühnersuppe „Mulligatawny"

Diese Suppe wurde in Indien für die Briten erfunden. Die Bezeichnung „Mulligatawny" setzt sich aus zwei tamilischen Wörtern zusammen und bedeutet „Pfefferwasser". Die Suppe selbst schmeckt jedoch viel besser, als ihr Name vermuten lässt!

Für 4–6 Personen
Vorbereitungszeit: 20 Minuten
Garzeit: 40 Minuten

2 EL Pflanzenöl
1 EL Garam Masala (siehe Seite 152)
600 g entbeinte Hühnerkeulen, in dünne Streifen geschnitten
1 kleine rote Zwiebel, in dünne Ringe geschnitten
2 EL Ingwer, frisch gerieben
1 Knoblauchzehe, gehackt
½ TL Fenchelsamen
½ TL Kurkuma (Gelbwurz)
1 Zimtstange
1 kleine grüne Chilischote, Samen entfernt und in Ringe geschnitten
3 mittelgroße reife Tomaten, gehackt
1 l Geflügelfond
400 ml Kokosmilch

Das Öl in einer großen Kasserolle erhitzen, dann das Garam Masala darin bei mittlerer Temperatur 3 Minuten anbraten, bis es intensiv duftet.

Das Hähnchenfleisch hinzufügen und 5 Minuten anbräunen. Die Zwiebel, den Ingwer, den Knoblauch, die Fenchelsamen, die Kurkuma, die Zimtstange, die Chilischote und die Tomaten untermischen. Mit dem Geflügelfond und der Kokosmilch ablöschen und 30 Minuten leise köcheln lassen, bis das Hähnchenfleisch butterzart ist. (Abb. S. 28)

Huhn und Ente

Hühnerfleisch-Häppchen „Tikka"

Hähnchen „Tikka" wird normalerweise in einem Tandoor, einem großen Terrakottagefäß, das direkt in die heiße Glut gestellt wird, zubereitet. Stattdessen kann man jedoch auch einen Backofen, einen Grill oder einen geschlossenen Kugelgrill verwenden. Auf Cocktailspießchen aufgespießt sind die Häppchen perfekt zum Aperitif.

Für 6–8 Personen
Marinierzeit: 4 Stunden oder über Nacht
Vorbereitungszeit: 15 Minuten
Garzeit: 15 Minuten

- 4 EL Tandoori-Paste (Asialaden)
- 1 EL Zitronensaft
- 4 EL frisch geriebener Ingwer
- 4 Knoblauchzehen, gehackt
- 250 ml Naturjoghurt
- 1 kg entbeinte Hühnerkeulen, in kleine Stücke geschnitten

Die Tandoori-Paste mit dem Zitronensaft, dem Ingwer, dem Knoblauch und dem Joghurt zu einer Marinade verrühren, dann die Hähnchenfleischstücke in die Marinade legen. Zugedeckt mindestens 4 Stunden, falls möglich über Nacht, im Kühlschrank marinieren lassen.

Das Hähnchenfleisch 15 Minuten bei mittlerer Temperatur unter dem vorgeheizten Grill garen, bis das Fleisch zart ist, dabei mehrmals wenden.

Mit Naan (tropfenförmiges indisches Fladenbrot) oder Papadam (hauchdünne, knusprige Brotfladen) und Gurken-Raita (siehe Seite 156) servieren. (Abb. S. 31)

Butterhähnchen

Cashewnüsse sind in der indischen Küche häufig anzutreffen, während sie für den Rest der Welt einen eher teuren Luxus darstellen. In Indien werden Cashewnüsse in unterschiedlichen Qualitätsstufen im Handel angeboten, die vom Kunden je nach Budget gewählt werden können.

Für 4–6 Personen
Vorbereitungszeit: 15 Minuten
Garzeit: 30 Minuten

- 1 kg entbeinte Hühnerkeulen, in kleine Stücke geschnitten
- 3 EL Tandoori-Paste (Asialaden)
- 125 ml Naturjoghurt
- 800 g stückige Tomaten aus der Dose
- 1 TL Garam Masala (siehe Seite 152)
- ½ TL Paprikapulver
- 250 ml Crème légère (15 %) oder Kaffeesahne (12 %)
- 2 EL geraspelter Palmzucker oder brauner Zucker
- 50 g Ghee oder geklärte Butter
- ½ TL Salz

Die Hähnchenfleischstücke in eine Schüssel geben, die Tandoori-Paste und den Joghurt zugeben, dann alles sorgfältig vermischen, bis das Fleisch ringsum mit der Marinade bedeckt ist. Die Fleischstücke in eine flache Auflaufform füllen und unter dem auf höchste Stufe vorgeheizten Grill garen, bis sie butterzart sind, anschließend beiseitestellen.

Die Garflüssigkeit, die sich in der Auflaufform angesammelt hat, in eine Kasserolle gießen, dann die Tomaten, das Garam Masala, das Paprikapulver, die Crème légère oder die Kaffeesahne und den Zucker hinzufügen. Zum Kochen bringen und 10 Minuten bei hoher Temperatur kochen, bis eine dick-cremige Sauce entstanden ist, dabei gelegentlich umrühren. Das Hähnchenfleisch, das Ghee und das Salz untermischen und 3 Minuten leise köcheln lassen, bis das Ghee geschmolzen und das Fleisch vollständig erhitzt ist. (Abb. S. 33)

Hühnerfleisch-Häppchen „Tikka"

Butterhähnchen

Klassisches Hähnchen-Curry

Dies ist ein einfaches Grundrezept für ein Curry mit Hähnchenfleisch. Sie können die Zwiebel, den Knoblauch und den Ingwer auch vor dem Anbraten – ganz nach nordindischer Tradition – zu einer glatten Paste pürieren. Das Gericht bekommt dadurch ein noch volleres, intensiveres Aroma.

Für 4–6 Personen
Vorbereitungszeit: 15 Minuten
Garzeit: 1 Stunde

3 EL Pflanzenöl
1 kleine rote Zwiebel, gehackt
2 Knoblauchzehen, gehackt
1 EL frisch geriebener Ingwer
2 TL gemahlener Koriander
½ TL gemahlener Kreuzkümmel (Cumin)
½ TL Garam Masala (siehe Seite 152)
½ TL Cayennepfeffer
½ TL Kurkuma (Gelbwurz)
500 g entbeinte Hühnerkeulen, in kleine Stücke geschnitten
125 ml Geflügelfond
250 ml Kokosmilch
400 g stückige Tomaten aus der Dose
½ TL Salz

Das Öl in einer großen Kasserolle erhitzen, die Zwiebel darin 15 Minuten bei mittlerer Temperatur anschwitzen. Den Knoblauch und den Ingwer hinzufügen und weitere 5 Minuten anbraten.

Die Gewürze zugeben und 3 Minuten garen, bis sie intensiv duften. Das Hähnchenfleisch untermischen und 5 Minuten anbraten, bis es eine kräftig goldbraune Färbung annimmt. Mit dem Geflügelfond und der Kokosmilch ablöschen, dann die Tomaten und das Salz unterrühren. Zum Kochen bringen, die Temperatur senken, den Deckel auflegen und 15 Minuten leise köcheln lassen. Den Deckel abnehmen und nochmals 15 Minuten garen, bis das Fleisch zart ist. (Abb. S. 35)

Huhn in Satay-Sauce

Satay-Sauce ist in Thailand sehr populär. Sie kann sehr scharf, mäßig pikant oder auch mild zubereitet werden. Für eine köstliche Variante dieses Gerichts können Sie das Hähnchenfleisch auch durch Garnelen ersetzen.

Für 4–6 Personen
Vorbereitungszeit: 15 Minuten
Garzeit: 20 Minuten

1 EL Pflanzenöl
2 EL rote Currypaste
2 EL Erdnussbutter
500 g Hähnchenbrustfilet, in Würfel geschnitten
400 ml Kokosmilch
200 g Brokkoliröschen
1 rote Paprika, in Streifen geschnitten
1 Möhre, in Scheiben geschnitten
100 g grüne Bohnen, in Stücke geschnitten
1 EL thailändische Fischsauce *(Nam pla)*
1 EL geraspelter Palmzucker oder
   brauner Zucker

ZUM GARNIEREN:
3 EL grob gehackte Erdnüsse
1 große rote Chilischote, Samen entfernt
   und in feine Ringe geschnitten
3 EL grob gehacktes Koriandergrün

Das Öl in einem Wok erhitzen, die rote Currypaste und die Erdnussbutter darin 5 Minuten bei mittlerer Temperatur rösten.

Das Hähnchenfleisch zugeben und 5 Minuten unter Rühren ringsum goldbraun anbraten. Mit der Kokosmilch ablöschen, dann das Gemüse, die Fischsauce und den Zucker untermischen. Zum Kochen bringen, die Temperatur senken und 10 Minuten leise köcheln lassen.

Unmittelbar vor dem Servieren mit den Erdnüssen, der roten Chilischote und dem Koriandergrün bestreuen. (Abb. S. 36)

Zwiebelhähnchen „Dopiaza"

Dopiaza bedeutet „zwei Zwiebeln". In diesem Rezept sind nicht nur zwei Zwiebelsorten – rote Zwiebeln und Perlzwiebeln – vertreten, sie werden auch auf zwei verschiedene Arten zubereitet: gebraten und in Flüssigkeit gegart. Zwiebeln werden in der indischen Küche häufig verwendet, besonders die roten Zwiebeln. Versuchen Sie, besonders kleine, milde Exemplare für dieses Rezept zu bekommen.

Für 4–6 Personen
Vorbereitungszeit: 15 Minuten
Garzeit: 1 Stunde

- 2 EL Pflanzenöl
- 2 kleine rote Zwiebeln, in Ringe geschnitten, zum Garnieren
- 1 TL Kardamomkapseln, zerstoßen
- 1 TL Gewürznelken
- 3 große, rote getrocknete Chilischoten
- 2 getrocknete Lorbeerblätter
- 2 EL frisch geriebener Ingwer
- ½ TL Kurkuma (Gelbwurz)
- 1 kg Hähnchenunterschenkel, an der fleischigsten Stelle mehrmals eingeschnitten
- 12–16 Perlzwiebeln
- 375 ml Geflügelfond
- 125 ml Naturjoghurt

Das Öl in einer großen Kasserolle erhitzen und die Zwiebeln darin 10 Minuten bei niedriger Temperatur anbraten, bis sie karamellisieren. Auf Küchenpapier abtropfen lassen.

Die Gewürze ins Öl geben und 5 Minuten Farbe annehmen lassen. Die Hähnchenunterschenkel und die Perlzwiebeln hinzufügen. Mit dem Geflügelfond ablöschen, zum Kochen bringen, dann die Temperatur senken und 30 Minuten leise köcheln lassen. Den Joghurt unterrühren und weitere 15 Minuten bei niedriger Temperatur garen, bis das Fleisch zart ist.

Vor dem Servieren mit den karamellisierten roten Zwiebeln garnieren.

Falls gewünscht, die Chilischoten vor dem Verzehr entfernen. (Abb. S. 39)

Huhn und Ente

Tomatenhuhn mit Senfkörnern

Dieses Gericht vereint die Aromen Südthailands: Senfkörner und Curryblätter. Ich habe Tomaten und Zucker ergänzt, um einen milden, leicht würzigen Geschmack zu erhalten – ganz köstlich zum Zitronenreis (siehe Seite 156).

Für 4–6 Personen
Vorbereitungszeit: 15 Minuten
Garzeit: 1 Stunde 10 Minuten

1 EL schwarze Senfkörner
1 kleine rote Zwiebel, in Ringe geschnitten
1 kg Hühnerteile, jeweils an der fleischigsten Stelle mehrmals eingeschnitten
10 Curryblätter
1 TL Cayennepfeffer
400 g stückige Tomaten aus der Dose
100 g frische Datteln, der Länge nach halbiert und entsteint
2 EL milder Weißweinessig
50 g geraspelter Palmzucker oder brauner Zucker
1 TL Garam Masala (siehe Seite 152)
Salz

Das Öl in einer großen Kasserolle erhitzen, darin die Senfkörner bei mittlerer Temperatur erhitzen, bis sie zu knacken und zu hüpfen beginnen.

Die Zwiebel hinzufügen und unter Rühren 10 Minuten goldbraun anbraten. Die Hähnchenteile portionsweise zugeben und jede Portion 5 Minuten anbräunen; die angebratenen Teile herausnehmen und beiseitelegen.

Alle Hähnchenteile zurück in die Kasserolle legen, die Curryblätter und den Cayennepfeffer untermischen und 3 Minuten garen. Dann die Tomaten, die Datteln, den Essig, den Zucker, das Garam Masala und Salz nach Geschmack hinzufügen. Den Deckel auflegen und weitere 30 Minuten bei niedriger Temperatur schmoren.

Den Deckel abnehmen und nochmals 15 Minuten köcheln lassen, bis das Fleisch gar und die Sauce eingekocht ist. Die Curryblätter vor dem Servieren entfernen. (Abb. S. 41)

Hähnchen mit Cashewnüssen

Cashewnüsse sind in der indischen Küche häufig anzutreffen, sie werden in unterschiedlichen Qualitätsstufen im Handel angeboten, die vom Kunden je nach Budget gewählt werden können.

Für 4–6 Personen
Vorbereitungszeit: 30 Minuten
Einweichzeit: 15 Minuten
Marinierzeit: 4 Stunden oder über Nacht
Garzeit: 1 Stunde

4 Hähnchenbrustfilets mit Knochen
3 EL Ingwer-Knoblauch-Paste (siehe Seite 152)
125 ml Naturjoghurt
1 TL Cayennepfeffer
1 TL Garam Masala (siehe Seite 152)
½ TL Salz
150 g Cashewnüsse
3 kleine rote Zwiebeln, gehackt
3 EL Pflanzenöl
1 getrocknetes Lorbeerblatt
3 Kardamomkapseln, zerstoßen
250 ml Crème légère (15 %) oder Kaffeesahne (12 %)
Koriandergrün, nur die Blättchen, zum Garnieren

Die Hähnchenbrustfilets der Länge nach halbieren und in ein großes Gefäß legen. Die Ingwer-Knoblauch-Paste, den Joghurt, den Cayennepfeffer, das Garam Masala und das Salz zugeben. Zugedeckt marinieren.

Die Cashewnüsse 15 Minuten in heißem Wasser einweichen. Wenn sie weich sind, im Mixer zu einer cremigen Paste pürieren; beiseitestellen. Die Zwiebeln ebenfalls pürieren.

Das Öl in einer großen Kasserolle erhitzen, den Kardamom und das Lorbeerblatt hineingeben, nach 2 Minuten die Zwiebeln hinzufügen und 15 Minuten bei mittlerer Temperatur goldbraun anbraten.

Das Hähnchenfleisch hinzufügen und 5 Minuten anbräunen. Die Cashewnusspaste unterrühren und unter ständigem Rühren weitere 5 Minuten bei mittlerer Temperatur garen.

Die Crème légère oder Kaffeesahne und 250 ml Wasser zugießen. Den Deckel auflegen und 30 Minuten leise köcheln lassen, bis das Fleisch zart ist. Vor dem Servieren mit dem Koriandergrün garnieren. (Abb. S. 42)

Tomatenhuhn mit Senfkörnern

Hähnchen mit Cashewnüssen

Hühnercurry mit Aprikosen und Cashewnüssen

Dieses Gericht ähnelt meines Erachtens mehr einem Ragout als einem Curry. Servieren Sie es mit frisch gebackenem Naan, dem tropfenförmigen indischen Fladenbrot. Ebenso köstlich schmeckt das Curry mit Lammhaxen anstelle des Huhns. In diesem Fall eine gute Stunde länger schmoren lassen.

Für 4–6 Personen
Vorbereitungszeit: 20 Minuten
Garzeit: 1 Stunde

1 kg Hühnerteile
2 kleine rote Zwiebeln, gehackt
2 Knoblauchzehen, gehackt
1 Stück Ingwer (3 cm lang), geschält und gehackt
2 EL Pflanzenöl
1 TL Garam Masala (siehe Seite 152)
370 ml Geflügelfond
2 Tomaten, gehackt
200 g Trockenaprikosen
1 EL Weißweinessig
2 EL Palmzucker oder brauner Zucker
½ TL Salz
150 g frische (ungeröstete) Cashewnüsse

Die Hühnerteile an den fleischigsten Stellen einritzen, damit sie gleichmäßig garen.

Die Zwiebeln, den Knoblauch und den Ingwer im Mörser oder Mixer zu einer cremigen Paste pürieren. Das Öl in einer großen Kasserolle erhitzen, dann die Paste darin 5 Minuten anbraten. Das Garam Masala und die Hühnerteile zugeben und weitere 5 Minuten bei mittlerer Temperatur anbraten, bis das Fleisch eine goldbraune Färbung angenommen hat.

Mit dem Geflügelfond ablöschen, danach die Tomaten, die Aprikosen, den Essig, den Zucker und das Salz hinzufügen. Zum Kochen bringen, den Deckel auflegen und 20 Minuten leise köcheln lassen, bis das Fleisch zart und die Sauce leicht eingedickt ist. Die Hälfte der Cashewnüsse untermischen. Das Curry vor dem Servieren mit der anderen Hälfte der Cashewnüsse bestreuen. (Abb. S. 44)

Huhn und Ente

Hähnchen-Masala mit Koriander

Gemahlener Koriander wird in zahlreichen indischen Curryvarianten verwendet. In diesem Rezept nehme ich sowohl gemahlenen Koriander als auch frisches Koriandergrün, um das Hähnchenfleisch zu aromatisieren. Durch die Zugabe von Joghurt erhält das Gericht einen angenehmen leicht säuerlichen Geschmack.

Für 4–6 Personen
Vorbereitungszeit: 15 Minuten
Garzeit: 40 Minuten

2 kleine rote Zwiebeln, grob gehackt
80 g Koriandergrün, nur die Blättchen, grob gehackt
2 Knoblauchzehen
2 kleine grüne Chilischoten
2 EL Pflanzenöl
2 TL gemahlener Koriander
1 TL gemahlener Kreuzkümmel (Cumin)
½ TL Kurkuma (Gelbwurz)
1 Prise Safranfäden
500 g entbeinte Hühnerkeulen
400 ml Naturjoghurt
Salz nach Geschmack
1 TL Zucker

Die Zwiebeln mit dem Koriandergrün, dem Knoblauch und den Chilischoten im Mixer zu einer cremigen Paste pürieren. Falls die Zwiebeln nicht saftig genug sind, etwas Wasser zugeben.

Das Öl in einer großen Kasserolle erhitzen, dann die Paste darin 10 Minuten bei mittlerer Temperatur anbraten. Die Gewürze untermischen und weitere 5 Minuten erhitzen, bis sie intensiv duften.

Das Hähnchenfleisch hinzufügen und 5 Minuten anbräunen. Den Joghurt, Salz nach Geschmack und den Zucker unterrühren, den Deckel auflegen und 15 Minuten leise köcheln lassen, bis das Fleisch zart ist. (Abb. S. 47)

Laksa mit Huhn und Fadennudeln

In Malaysia wird Laksa sowohl zum Frühstück als auch zum Mittag- und zum Abendessen serviert. Dieses Suppengericht besteht gewöhnlich aus Fadennudeln, die mit einer würzigen Kokosmilchbrühe übergossen und mit Hühnerfleisch oder Meeresfrüchten angerichtet werden. Dies ist meine Version dieses traditionellen Gerichts.

Für 4 Personen
Vorbereitungszeit: 10 Minuten
Garzeit: 30 Minuten

100 g getrocknete Fadennudeln aus Reismehl (Vermicelli)
1 EL Pflanzenöl
2 EL Laksa-Paste oder rote Currypaste
500 ml Kokosmilch
500 ml Geflügelfond
2 Hähnchenbrustfilets, in dünne Streifen geschnitten
200 g Zuckerschoten
100 g Austernpilze
150 g Mungbohnensprossen (als „Sojasprossen" im Handel)

ZUM GARNIEREN
1 EL Sambal Oelek (Chilipaste) (optional)
1 Salatgurke, in dünne Scheiben geschnitten
12 EL angebratene asiatische Schalottenringe (oder gewöhnliche Schalottenringe, in etwas Öl knusprig gebraten)
1 EL Vietnamesischer Koriander, nur die Blättchen (ersatzweise Minzeblättchen)

Die Fadennudeln in eine Schüssel legen, mit kochendem Wasser übergießen und 10 Minuten quellen lassen, danach abgießen.

Das Öl in einem Wok oder in einer großen Kasserolle erhitzen, dann die Laksa-Paste oder die rote Currypaste darin 3–5 Minuten anbraten, bis sie intensiv duftet. Mit der Kokosmilch und dem Geflügelfond ablöschen und das Hähnchenfleisch hinzufügen. Zum Kochen bringen, die Temperatur senken und 10 Minuten leise köcheln lassen. Die Zuckerschoten und die Pilze zugeben und weitere 3 Minuten erhitzen, bis die Zuckerschoten gar sind.

Die Fadennudeln und die Mungbohnensprossen in Portionsschüsseln verteilen. Das Hähnchenfleisch und, falls verwendet, etwas Sambal Oelek daraufgeben. Mit den Gurkenscheiben, Schalottenringen und Korianderblättchen (oder Minzeblättchen) garnieren. (Abb. S. 48)

Hähnchen-Masala mit Koriander

Laksa mit Huhn und Fadennudeln

Hühnercurry mit Mais und Bambussprossen

Huhn und Ente

Hühnercurry mit Mais und Bambussprossen

Ich habe dieses Gericht während der Recherche für dieses Buch auf meiner letzten Thailandreise entdeckt und habe es vom ersten Bissen an geliebt. Die hier verwendete mittelscharfe gelbe Currypaste ist in asiatischen Feinkostläden erhältlich. Falls Sie sie nicht finden können, ersetzen Sie sie durch rote Currypaste.

Für 4–6 Personen
Vorbereitungszeit: 10 Minuten
Garzeit: 30 Minuten

- 125 ml Kokoscreme (Fertigprodukt oder cremige Schicht, die sich bei Kokosmilchkonserven oben absetzt)
- 1 EL gelbe Currypaste (ersatzweise rote Currypaste)
- 500 g entbeinte Hühnerkeulen, in dicke Streifen geschnitten
- 500 ml Kokosmilch
- 125 g dünne grüne Bohnen, zerkleinert
- 100 g junge Maiskölbchen (frisch oder aus der Dose), längs halbiert
- 230 g Bambussprossen aus der Dose, abgetropft
- 250 g Kirschtomaten
- 1 EL thailändische Fischsauce *(Nam pla)*
- 1½ EL geraspelter Palmzucker oder brauner Zucker
- 20 g Thai-Basilikum oder Koriandergrün, nur die Blättchen (zum Garnieren)

In einem Wok die Kokoscreme und die gelbe Currypaste 3–5 Minuten bei mittlerer Temperatur unter ständigem Rühren erhitzen, bis die Paste intensiv duftet.

Das Hähnchenfleisch zugeben und 5 Minuten goldbraun anbraten. Mit der Kokosmilch ablöschen, dann die grünen Bohnen, die Maiskölbchen, die Bambussprossen und die Tomaten hinzufügen. Zum Kochen bringen, die Temperatur senken und 10 Minuten leise köcheln lassen, bis das Fleisch gar ist.

Das Curry mit der Fischsauce und dem Zucker abschmecken und weitere 10 Minuten bei niedriger Temperatur garen. Unmittelbar vor dem Servieren mit dem Thai-Basilikum oder dem Koriandergrün garnieren. (Abb. S. 49)

Süß-pikantes Huhn mit Gemüse und Erdnüssen

Dies ist ein einfaches und schnell zubereitetes Currygericht mit süßer Note. Der Brokkoli kann durch Chinakohl, Pak-Choi oder Choisum, eine chinesische Gemüsesorte mit großen Blättern, ersetzt werden. In diesem Fall das Gemüse erst im letzten Moment zugeben, da es in 2 Minuten gar ist.

Für 4 Personen
Vorbereitungszeit: 15 Minuten
Garzeit: 20 Minuten

- 1 EL Pflanzenöl
- 1 EL rote Currypaste
- 2 Knoblauchzehen, in Scheiben geschnitten
- 1 EL frisch geriebener Ingwer
- 3 Frühlingszwiebeln, in Scheiben geschnitten
- 500 g Hähnchenbrustfilet, in Streifen geschnitten
- 1 Möhre, in Scheiben geschnitten
- 1 rote Paprika, in Streifen geschnitten
- 1 junger Brokkoli, grob zerkleinert
- 125 ml süße thailändische Chilisauce
- 2 EL thailändische Fischsauce *(Nam pla)*
- 2 EL Limettensaft
- 80 g geröstete Erdnüsse
- 2 EL Koriandergrün, nur die Blättchen, zum Garnieren

Das Öl in einem Wok erhitzen, dann die Currypaste, den Knoblauch, den Ingwer und die Frühlingszwiebeln 3 Minuten darin anbraten. Das Hähnchenbrustfilet zugeben und 5 Minuten anbräunen.

Das Gemüse hinzufügen, mit 2 Esslöffeln Wasser ablöschen und weitere 5 Minuten garen. Die süße Chilisauce, die Fischsauce, den Limettensaft und die Erdnüsse miteinander vermischen und in den Wok geben. Zum Kochen bringen, dann den Wok vom Herd nehmen, das Curry mit dem frischen Koriandergrün garnieren und sofort servieren. (Abb. S. 51)

Süß-pikantes Huhn mit Gemüse und Erdnüssen

Lamm, Schwein und Rind

Lamm, Schwein und Rind

Lammkeule mit Kardamom und Aprikosen

Kardamom gehört zu den Grundgewürzen der indischen Küche. Zerstoßen Sie die Kapseln, um ihr Aroma freizusetzen.

Für 4–6 Personen
Vorbereitungszeit: 20 Minuten
Garzeit: 1 Stunde

2 kleine rote Zwiebeln, gehackt
2 El frisch geriebener Ingwer
3 Knoblauchzehen
2 EL Pflanzenöl
1 TL Garam Masala (siehe Seite 152)
6 Kardamomkapseln, zerstoßen
1 Zimtstange
750 g entbeinte Lammkeule, in Würfel geschnitten
2 Tomaten, enthäutet, Samen entfernt und klein geschnitten
150 g Trockenaprikosen
1 Prise Safranfäden
1 TL Zitronensaft
Salz nach Geschmack

Die Zwiebeln mit dem Ingwer und dem Knoblauch pürieren. Das Öl in einer großen Kasserolle erhitzen, dann die Paste darin 15 Minuten bei niedriger Temperatur anbraten, bis sie eine kräftig goldbraune Färbung angenommen hat. Die Gewürze untermischen und weitere 5 Minuten anbraten.

Das Lammfleisch zugeben und 5 Minuten anbräunen. Mit 250 ml Wasser ablöschen, danach die Tomaten, die Aprikosen und den Safran hinzufügen. Den Deckel auflegen und 40 Minuten leise köcheln lassen, bis das Fleisch zart ist. Nach Ablauf der Garzeit mit dem Zitronensaft und Salz abschmecken. (Abb. S. 55)

Lamm, Schwein und Rind

Keema

Von diesem indischen Curry existieren zahlreiche Varianten, die sich an den jeweils regional verfügbaren frischen Produkten orientieren. Traditionell wird Keema mit Lammfleisch zubereitet, das jedoch auch durch Hackfleisch vom Rind ersetzt werden kann.

Für 4–6 Personen
Vorbereitungszeit: 20 Minuten
Garzeit: 50 Minuten

3 EL Pflanzenöl
2 kleine rote Zwiebeln, fein gehackt
1 EL frisch geriebener Ingwer
2 Knoblauchzehen, gehackt
1–2 kleine grüne Chilischoten, Samen entfernt und gehackt
1 Zimtstange
3 Gewürznelken
750 g Hackfleisch vom Lamm
1½ EL gemahlener Koriander
1 TL gemahlener Kreuzkümmel (Cumin)
½ TL Kurkuma (Gelbwurz)
2 Kartoffeln, geschält und in Würfel geschnitten
200 g stückige Tomaten aus der Dose
200 ml Naturjoghurt
150 g Erbsen (frisch oder tiefgekühlt)
2 EL gehacktes Koriandergrün, nur die Blättchen

Das Öl in einer Pfanne erhitzen, dann die Zwiebeln darin 15 Minuten goldbraun anbraten. Den Ingwer, den Knoblauch, die Chilischoten, die Zimtstange und die Gewürznelken hinzufügen und weitere 3 Minuten anbraten.

Das Lammhackfleisch zugeben und bei hoher Temperatur anbräunen. Den Koriander, den Kreuzkümmel und die Kurkuma untermischen und 2 Minuten mitgaren.

Die Kartoffelwürfel und die Tomaten hinzufügen und mit 250 ml Wasser ablöschen. Den Deckel auflegen und 20 Minuten leise köcheln lassen. Den Deckel abnehmen, den Joghurt, die Erbsen und das Koriandergrün untermischen und nochmals 10 Minuten garen. (Abb. S. 57)

Tandoori-Lammkoteletts

Diese Koteletts sind die Stars auf jeder Grillparty. Die Marinade eignet sich auch hervorragend für eine Lammkeule. Ich liebe die Zubereitung auf dem Grill, da das Fleisch dadurch dasselbe rauchige Aroma erhält wie bei der Zubereitung im Tandoor.

Für 4–6 Personen
Vorbereitungszeit: 10 Minuten
Marinierzeit: 4 Stunden oder über Nacht
Garzeit: 10 Minuten

12 Lammkoteletts
4 EL Tandoori-Paste (Asialaden)
1 EL Zitronensaft
½ TL Garam Masala (siehe Seite 152)
½ TL gemahlener Koriander
2 EL frisch geriebener Ingwer
4 Knoblauchzehen, gehackt
250 ml Naturjoghurt

Die Tandoori-Paste mit dem Zitronensaft, dem Garam Masala, dem Koriander, dem Ingwer, dem Knoblauch und dem Joghurt vermischen. Das Fleisch in die Marinade legen und zugedeckt mindestens 4 Stunden, falls möglich über Nacht, marinieren.

Die Koteletts auf dem Grill oder unter dem vorgeheizten Backofengrill bei hoher Temperatur 5–10 Minuten garen, dabei wenden.

Mit Naan (tropfenförmiges indisches Fladenbrot) und Mango-Chutney servieren. (Abb. S. 59)

Lamm, Schwein und Rind

Curry mit Rindfleisch und Kaffirlimettenblättern

Die in der thailändischen Küche weitverbreiteten Kaffirlimettenblätter verleihen diesem Gericht einen einzigartigen Geschmack. Falls Sie keine frischen Blätter bekommen, können Sie auch die doppelte Menge getrocknete Blätter verwenden.

Für 4 Personen
Vorbereitungszeit: 15 Minuten
Garzeit: 15 Minuten

1 EL Pflanzenöl
1–2 EL grüne Currypaste
500 g Rinderhüftsteak, in Streifen geschnitten
2 Stängel Zitronengras, nur der helle Teil, zerdrückt
12 Kaffirlimettenblätter, fein gehackt
1 Zwiebel, gehackt
400 ml Kokosmilch aus der Dose
200 g Zuckerschoten
250 g Brokkoli
1 EL thailändische Fischsauce *(Nam pla)*
1 EL geraspelter Palmzucker oder brauner Zucker

Das Öl in einem Wok erhitzen, dann die grüne Currypaste darin 3–5 Minuten bei mittlerer Temperatur anbraten, bis sie intensiv duftet.

Das Fleisch zugeben und 3–5 Minuten anbräunen. Das Zitronengras, die Kaffirlimettenblätter und die Zwiebel hinzufügen und weitere 3 Minuten anbraten, bis die Zwiebel gar ist.

Mit der Kokosmilch ablöschen, die Zuckerschoten und den Brokkoli untermischen und 5 Minuten leise köcheln lassen, bis das Gemüse gar ist. Mit der Fischsauce und dem Zucker abschmecken. (Abb. S. 61)

Masaman-Curry vom Rind

Ein wirklich köstliches traditionelles Rindfleischcurry. Die gemahlenen Erdnüsse binden die Sauce und die Tamarinde verleiht dem Gericht eine leicht säuerliche Note. Tamarinde kann bei Bedarf durch Limettensaft ersetzt werden.

Für 4 Personen
Vorbereitungszeit: 15 Minuten
Garzeit: 25 Minuten

1 EL Pflanzenöl
2 EL Masaman-Currypaste (siehe Seite 152)
250 g Rinderhüftsteak, in Würfel geschnitten
2 Kartoffeln, geschält und klein geschnitten
1 Zwiebel, gehackt
250 ml Kokoscreme (Fertigprodukt oder cremige Schicht, die sich bei Kokosmilchkonserven oben absetzt)
1 TL Salz
2 EL geraspelter Palmzucker oder brauner Zucker
1 EL thailändische Fischsauce *(Nam pla)*
70 g Erdnüsse, gemahlen
250 ml Kokosmilch
2 EL Tamarindenpaste (konzentriertes Tamarindenmark, Asialaden)

Das Öl im Wok erhitzen, dann die Masaman-Currypaste darin 3 Minuten bei niedriger Temperatur anbraten, bis sie intensiv duftet. Die Temperatur leicht erhöhen, das Rindfleisch, die Kartoffeln und die Zwiebeln zugeben. Weitere 5 Minuten anbraten, bis das Rindfleisch kräftig gebräunt ist.

Die Kokoscreme, das Salz, den Zucker, die Fischsauce und die Erdnüsse untermischen. Mit der Kokosmilch und 125 ml kaltem Wasser ablöschen. Zum Kochen bringen, dann die Temperatur senken und 10 Minuten leise köcheln lassen, bis die Kartoffeln gar sind. Die Tamarindenpaste unterrühren und 5 Minuten garen. Sofort servieren. (Abb. S. 62)

Curry mit Rindfleisch und Kaffirlimettenblättern

Masaman-Curry vom Rind

Schweinefleisch Vindaloo auf Goa-Art

Eines der beliebtesten Gerichte der indischen Region Goa. Vindaloo steht für „Essig und Knoblauch". Seien Sie hiermit vorgewarnt: das Gericht ist sehr pikant! Sie können auch eine gekaufte Vindaloo-Paste verwenden, wenn Sie möchten; in diesem Fall vermischen Sie die Paste mit 2 Esslöffeln Essig.

Für 4–6 Personen
Vorbereitungszeit: 25 Minuten
Marinierzeit: 1 Stunde
Garzeit: 50 Minuten

750 g Schweinefilet, in Würfel geschnitten
½ TL gemahlener Koriander
1 TL gemahlener Kreuzkümmel (Cumin)
½ TL Cayennepfeffer
½ TL schwarzer Pfeffer, frisch gemahlen
¼ TL Kurkuma (Gelbwurz)
80 ml Kokosnussessig oder milder Weißweinessig
1 EL Balsamico
3 EL Pflanzenöl
2 kleine rote Zwiebeln, in dünne Ringe geschnitten
1 EL frisch geriebener Ingwer
12 Knoblauchzehen, gehackt
3 reife Tomaten, zerkleinert
2–3 grüne Chilischoten, Samen entfernt und in Ringe geschnitten
1 TL geraspelter Palmzucker oder brauner Zucker

Das Schweinefleisch mit den Gewürzen und dem Essig in eine Schüssel legen und 1 Stunde marinieren.

Das Öl in einer großen Kasserolle erhitzen, dann die Zwiebeln darin 15 Minuten bei mittlerer Temperatur goldbraun anbraten. Den Ingwer und den Knoblauch hinzufügen und weitere 2 Minuten anbraten.

Das marinierte Schweinefleisch, die Tomaten, die Chilischoten und den Zucker hinzufügen. 250 ml Wasser zugießen, den Deckel auflegen und 30 Minuten leise köcheln lassen, bis das Fleisch zart ist. (Abb. S. 64)

Lamm, Schwein und Rind

Schweinespießchen mit Satay-Sauce

In ganz Thailand findet man kleine Straßenstände, an denen Schweinefleisch, Hähnchen, Rindfleisch, Tofu, Tintenfisch und Kalmar mit Satay-Sauce angeboten werden. Dieses Satay-Rezept besitzt eine mittlere Schärfe – falls Sie eine pikantere Variante bevorzugen, fügen Sie einen Esslöffel rote Currypaste zusätzlich hinzu.

Für 4 Personen
Einweichzeit für die Spieße: 30 Minuten
Zubereitungszeit: 20 Minuten
Garzeit: 20 Minuten

500 g Schweinefilet
1 EL Pflanzenöl
1–2 EL rote Currypaste
70 g geröstete Erdnüsse, grob zerstoßen
1 EL Erdnussbutter
400 ml Kokosmilch
1 EL thailändische Fischsauce *(Nam pla)*
2 TL Limettensaft
1 EL geraspelter Palmzucker oder brauner Zucker

12 Bambusspieße 30 Minuten in kaltem Wasser einweichen, damit sie beim Grillen nicht verbrennen. Das Schweinefilet in dünne Streifen schneiden und auf die eingeweichten Spieße stecken.

Das Öl in einem Wok erhitzen, dann die rote Currypaste darin 3–5 Minuten anbraten, bis sie intensiv duftet. Die Erdnüsse, die Erdnussbutter, die Kokosmilch, die Fischsauce, den Limettensaft und den Zucker zugeben und 10 Minuten leise köcheln lassen, bis die Sauce leicht eindickt.

Das Fleisch auf einem leicht mit Öl eingefetteten Grill 2–3 Minuten pro Seite grillen. Die Satay-Sauce in Portionsschüsselchen füllen und zu den Spießen servieren. (Abb. S. 67)

Lamm, Schwein und Rind

Einfaches indisches Rindfleischcurry

Dieses Rezept lässt sich sehr leicht zubereiten. Sie müssen dazu lediglich ein paar Gewürze anrösten und das Gericht ansonsten nur noch sanft köcheln lassen. Achten Sie darauf, dass das Fleisch, das Sie verwenden, nicht zu mager ist, da es sonst während des Schmorens zäh werden könnte.

Für 4–6 Personen
Vorbereitungszeit: 10 Minuten
Garzeit: 1 Stunde

2 EL Pflanzenöl
1 Zwiebel, gehackt
1 TL gemahlener Koriander
2 TL gemahlener Kreuzkümmel (Cumin)
1 TL Kurkuma (Gelbwurz)
1 TL Garam Masala (siehe Seite 152)
1 TL zerdrückter Knoblauch
500 g Steakfleisch vom Schwanzstück, in Würfel geschnitten
400 g stückige Tomaten aus der Dose
150 g grüne Bohnen, in 4 cm lange Stücke geschnitten
1 mittelgroße Zucchini, in Scheiben geschnitten
150 g Süßkartoffel, in Würfel geschnitten

Das Öl in einer großen Kasserolle erhitzen, dann 2–3 Minuten die Zwiebel, die Gewürze und den Knoblauch darin anbraten.

Das Rindfleisch zugeben und 5 Minuten rundherum anbraten, bis es kräftig gebräunt ist. Die Tomaten hinzufügen und 250 ml Wasser zugießen. 45 Minuten leise köcheln lassen, dann das Gemüse untermischen. Weitere 10–15 Minuten köcheln, bis es gar ist (Abb. S. 68).

Lamm, Schwein und Rind

Lammcurry „Madras"

Dank der großen Auswahl an fertigen, qualitativ hochwertigen Madras-Currypasten in asiatischen Feinkostgeschäften lässt sich dieses Gericht ganz einfach zubereiten.

Für 4–6 Personen
Vorbereitungszeit: 20 Minuten
Garzeit: 1 Stunde 50 Minuten

2 EL Pflanzenöl
1 kleine rote Zwiebel, gehackt
1 EL frisch geriebener Ingwer
2 Knoblauchzehen, gehackt
2 EL Madras-Currypaste
1 kg Lammschulter oder entbeinte Lammkeule, in große Würfel geschnitten
400 g stückige Tomaten aus der Dose
400 ml Kokosmilch
1 Zimtstange
6 Gewürznelken

Das Öl in einer großen Kasserolle erhitzen, dann die Zwiebel darin 10 Minuten bei mittlerer Temperatur anbraten, bis sie eine kräftig goldbraune Färbung angenommen hat. Den Ingwer, den Knoblauch und die Currypaste hinzufügen und weitere 3 Minuten anbraten, bis die Mischung intensiv duftet.

Das Lammfleisch zugeben und 5 Minuten bei mittlerer Temperatur anbräunen. Die Tomaten, die Kokosmilch, die Zimtstange und die Gewürznelken untermischen. Den Deckel auflegen und 1–1½ Stunden leise köcheln lassen, bis das Fleisch zart ist. (Abb. S. 71)

Rindfleisch Rendang

Während einer Indonesienreise vor einigen Jahren entdeckte ich eine ganz wunderbare Kochschule, von der dieses Rezept für ein feuriges Rindfleischcurry stammt. Falls Sie eine gemäßigtere Schärfe bevorzugen, verwenden Sie einfach weniger Chilischoten.

Für 6–8 Personen
Vorbereitungszeit: 20 Minuten
Einweichzeit: 15 Minuten
Marinierzeit: 30 Minuten
Garzeit: 1–1½ Stunden

30 g große, rote getrocknete Chilischoten
1 TL Koriandersamen
1 EL frisch geriebener Ingwer
2 TL gemahlener Kreuzkümmel (Cumin)
½ TL gemahlene Gewürznelken
½ TL Kurkuma (Gelbwurz)
3 Knoblauchzehen, geschält
10 rote asiatische Schalotten (ersatzweise 5 rote europäische Schalotten), grob gehackt
1 kg Steakfleisch vom Schwanzstück, in Würfel geschnitten
30 g Kokosraspel
500 ml Kokosmilch
2 Stängel Zitronengras, nur der helle Teil, gehackt
1 EL Galgant, gehackt (optional)
1 TL Salz
2 TL geraspelter Palmzucker oder brauner Zucker

Die Chilischoten 15 Minuten in kochendem Wasser einweichen, danach sorgfältig ausdrücken und die Samen entfernen. Anschließend grob zerkleinern und mit den Koriandersamen, dem Ingwer, dem Kreuzkümmel, den Gewürznelken, der Kurkuma, dem Knoblauch und den Schalotten zu einer cremigen Paste pürieren. Falls nötig, etwas Wasser zugeben.

Das Fleisch in eine Schüssel legen, die Würzpaste hinzufügen und gründlich vermischen. Zugedeckt 30 Minuten marinieren.

Das Fleisch mit den Kokosraspeln, der Kokosmilch, dem Zitronengras, dem Galgant (optional), dem Salz und dem Zucker in einen Wok geben. Zum Kochen bringen, die Temperatur senken und offen köcheln lassen, bis die Flüssigkeit fast vollständig eingekocht ist und sich das Öl an der Oberfläche abgesetzt hat. Unter ständigem Rühren weitergaren, bis das Curry relativ trocken ist. (Abb. S. 72)

Lammcurry „Madras"

Rindfleisch Rendang

Chili-Hackfleisch mit Basilikum

Lammfleisch Saag

Lamm, Schwein und Rind

Chili-Hackfleisch mit Basilikum

Dieses Curry habe ich in Bangkok in meinem Lieblingsimbiss entdeckt. Es wird aber auch an den meisten anderen Imbissständen angeboten. Das Hackfleisch vom Schwein können Sie nach Belieben durch Hackfleisch vom Huhn ersetzen.

Für 4 Personen
Vorbereitungszeit: 10 Minuten
Garzeit: 25 Minuten

1 EL Pflanzenöl
500 g Hackfleisch vom Schwein
3 Knoblauchzehen, gehackt
1 EL rote Currypaste
500 ml Kokosmilch
100 g grüne Bohnen, in Stücke geschnitten
2 EL thailändische Fischsauce *(Nam pla)*
2 EL geraspelter Palmzucker oder brauner Zucker
10 g Thai-Basilikum oder gewöhnliches Basilikum, nur die Blättchen
Rote Chilischoten, in Ringe geschnitten, zum Garnieren

Das Öl bei mittlerer Temperatur in einem Wok erhitzen, dann das Hackfleisch darin 5 Minuten anbräunen. Den Knoblauch und die rote Currypaste hinzufügen und weitere 3 Minuten garen, bis die Mischung zu duften beginnt.

Die Kokosmilch, die grünen Bohnen, die Fischsauce und den Zucker untermischen. Zum Kochen bringen, die Temperatur senken und 15 Minuten offen einkochen lassen.

Unmittelbar vor dem Servieren die Basilikumblättchen untermischen und mit den Chiliringen bestreuen. (Abb. S. 73)

Lammfleisch Saag

In Indien wird dieses Gericht gelegentlich mit Gemüseamarant, einem spinatähnlichen grünen Blattgemüse, zubereitet. Das beste Ergebnis erhalten Sie jedoch, wenn Sie frischen oder tiefgekühlten Spinat verwenden.

Für 4–6 Personen
Vorbereitungszeit: 20 Minuten
Marinierzeit: 30 Minuten
Garzeit: 1 Stunde 15 Minuten

500 g entbeinte Lammkeule, in Würfel geschnitten
60 ml Naturjoghurt
1 EL gemahlener Koriander
1 TL gemahlener Kreuzkümmel (Cumin)
½ TL Cayennepfeffer, frisch gemahlen
½ TL schwarzer Pfeffer, frisch gemahlen
½ TL Kurkuma (Gelbwurz)
2 EL Pflanzenöl
1 kleine rote Zwiebel, fein gehackt
1 Zimtstange
3 Gewürznelken
2 TL frisch geriebener Ingwer
2 Knoblauchzehen, gehackt
500 g Blattspinat, grob zerkleinert

Das Lammfleisch, den Joghurt und die Gewürze in eine Schüssel geben und gründlich mischen. Zugedeckt 30 Minuten im Kühlschrank marinieren.

Das Öl in einer großen Kasserolle erhitzen, dann die Zwiebel darin 15 Minuten bei mittlerer Temperatur anbräunen. Das Fleisch zugeben und weitere 5 Minuten anbraten, bis sich die Farbe verändert.

Die Zimtstange, die Gewürznelken, den Ingwer, den Knoblauch und den Spinat untermischen. 250 ml Wasser zugießen, den Deckel auflegen und 45 Minuten leise köcheln lassen. Den Deckel abnehmen und 10 Minuten offen einkochen lassen, bis die Sauce eindickt.

Das Wasser können Sie durch 400 g stückige Tomaten aus der Dose ersetzen, um dem Curry mehr Fülle zu verleihen. (Abb. S. 74)

Lamm, Schwein und Rind

Roghan Josh

Der Rezepttitel bedeutet „heißes Fett". Der hier verwendete Asant (Asafoetida), ein intensiv riechendes Pulver mit mildem, knoblauchähnlichem Geschmack, wird in Indien nicht nur aus kulinarischen Gründen geschätzt, sondern auch wegen seiner verdauungsfördernden Eigenschaften.

Für 4–6 Personen
Vorbereitungszeit: 20 Minuten
Marinierzeit: 4 Stunden oder über Nacht
Garzeit: 55 Minuten

1 kg Lammschulter, in Würfel geschnitten
2 EL Ingwer-Knoblauch-Paste (siehe Seite 152)
250 ml Naturjoghurt
1 TL Cayennepfeffer
½ TL Asant (Asafoetida)
2 TL gemahlener Kreuzkümmel (Cumin)
2 TL gemahlener Koriander
2 EL Ghee oder Butter
1 kleine rote Zwiebel, gehackt
1 TL Kardamomkapseln, zerstoßen
2 Lorbeerblätter
4 Gewürznelken
1 Zimtstange
1 TL Salz
½ TL Safranfäden
2 EL Koriandergrün, nur die Blättchen, gehackt
½ TL Garam Masala (siehe Seite 152)

Das Lammfleisch mit der Ingwer-Knoblauch-Paste, dem Joghurt, dem Cayennepfeffer, dem Asant (optional), dem Kreuzkümmel und dem Koriander in eine Schüssel geben und mischen. Zugedeckt mindestens 4 Stunden, falls möglich über Nacht, marinieren.

Das Ghee in einer großen Kasserolle erhitzen, dann die Zwiebel darin 10 Minuten goldbraun anbraten. Das marinierte Lammfleisch und die Gewürze hinzufügen. 125 ml Wasser zugießen, den Deckel auflegen und 45 Minuten leise köcheln lassen, bis das Fleisch zart ist.

Die Korianderblättchen untermischen und mit dem Garam Masala bestreuen. Den Deckel auflegen und vor dem Servieren 5 Minuten ruhen lassen. (Abb. S. 77)

Rindfleisch „Penang"

Dieses mittelscharfe Gericht gehört in Thailand zu den beliebtesten Currys. Gewöhnlich wird es mit Rindfleisch zubereitet, es schmeckt jedoch genauso köstlich mit Hähnchen oder Schweinefleisch.

Für 4–6 Personen
Vorbereitungszeit: 30 Minuten
Einweichzeit: 15 Minuten
Garzeit: 20 Minuten

3 EL Erdnüsse
5 große, getrocknete rote Chilischoten
1 TL Salz
1 El gehackter Galgant (optional)
1 TL gehackte Korianderwurzel
1 EL gehacktes Zitronengras, nur der helle Teil
2 EL gehackte asiatische Schalotte
2 EL gehackter Knoblauch
2 EL Pflanzenöl
500 g Rinderhüftsteak, in dünne Streifen geschnitten
500 ml Kokosmilch
1 EL geraspelter Palmzucker oder brauner Zucker
1 EL thailändische Fischsauce *(Nam pla)*

Die Erdnüsse trocken (ohne Fettzugabe) rösten. Nach dem Abkühlen im Mörser zerstoßen oder im Mixer pürieren.

Die Chilischoten längs halbieren und die Samen und weißen Scheidewände entfernen (dazu am besten Küchenhandschuhe tragen). 15 Minuten in kaltem Wasser einweichen, danach ausdrücken und mit einem Küchentuch trocken tupfen.

Die Chilischoten mit dem Salz, dem Galgant (optional), der Korianderwurzel, dem Zitronengras, den Schalotten und dem Knoblauch zu einer cremigen Paste pürieren.

Das Öl in einem Wok erhitzen, dann die Paste darin 5 Minuten bei mittlerer Temperatur anbraten. Das Rindfleisch untermischen und weitere 5 Minuten garen, bis das Fleisch kräftig gebräunt ist. Die Kokosmilch, den Zucker und die Fischsauce hinzufügen. Köcheln lassen, bis sich das Öl an der Oberfläche absetzt. (Abb. S. 79)

Roghan Josh

Rindfleisch „Penang"

Korma mit Lammfleisch

Ein wunderbares mildes Curry, das der ganzen Familie schmeckt. Die Cashewnüsse verleihen dem Gericht eine cremige Konsistenz. Falls Sie ein intensiveres Cashewaroma wünschen, können Sie die Cashewnüsse vor dem Mahlen rösten; zum Mahlen die Nüsse vollständig abkühlen lassen. Anstelle der Cashewnüsse können Sie auch geschälte (blanchierte) Mandeln verwenden.

Für 4–6 Personen
Vorbereitungszeit: 20 Minuten
Marinierzeit: 30 Minuten
Garzeit: 1 Stunde

- 1 kg entbeinte Lammkeule, in Würfel geschnitten
- 60 ml Naturjoghurt
- 1 EL gemahlener Koriander
- 1 TL gemahlener Kreuzkümmel (Cumin)
- ½ TL gemahlener Kardamom
- 2 TL frisch geriebener Ingwer
- 2 Knoblauchzehen, gehackt
- 80 g Cashewnüsse
- 3 EL Pflanzenöl
- 2 Zwiebeln, in dünne Ringe geschnitten
- 1 Zimtstange
- ½ TL Salz
- 400 ml Kokoscreme (Fertigprodukt oder cremige Schicht, die sich bei Kokosmilchkonserven oben absetzt)

Das Lammfleisch mit dem Joghurt und den Gewürzen in eine Schüssel geben und sorgfältig mischen. Das Fleisch zugedeckt 30 Minuten marinieren.

Den Ingwer mit dem Knoblauch und den Cashewnüssen zu einer cremigen Paste pürieren. Falls nötig, 2 Esslöffel Wasser hinzufügen.

Das Öl in einer großen Kasserolle erhitzen, dann die Zwiebeln darin 5 Minuten anbräunen. Das marinierte Fleisch zugeben und weitere 5 Minuten anbraten, bis es Farbe anzunehmen beginnt. Die Cashewnusspaste, die Zimtstange, das Salz und die Kokoscreme untermischen. Mit 125 ml Wasser ablöschen, den Deckel auflegen und 30 Minuten leise köcheln lassen. Den Deckel abnehmen und weitere 20 Minuten einkochen lassen, bis die Sauce eingedickt ist. (Abb. S. 81)

Lamm Biryani

In indischen Zügen werden häufig Biryanis serviert, die auch ich auf meinen Reisen genießen durfte. Sie waren so köstlich, dass sie mich dazu inspirierten, ein eigenes Rezept zu kreieren.

Für 4–6 Personen
Vorbereitungszeit: 15 Minuten
Garzeit: 50 Minuten

2 EL Pflanzenöl
1 Zwiebel, gehackt
1 EL frisch geriebener Ingwer
2 Knoblauchzehen, zerdrückt
1 EL gemahlener Koriander
1 TL gemahlener Kreuzkümmel (Cumin)
1 TL Zimt
1 TL Kurkuma (Gelbwurz)
500 g Lammfleisch, das Fett entfernt und in Würfel geschnitten
300 g Basmatireis
½ TL Safranfäden
1 l Geflügelfond
150 g frische oder tiefgekühlte Erbsen (saisonabhängig)
200 g Blumenkohlröschen
60 g Rosinen
60 g Pistazien, grob gehackt

Den Backofen auf 180 °C vorheizen.

Das Öl in einer großen Auflaufform erhitzen, dann die Zwiebeln darin 10 Minuten bei mittlerer Temperatur anbräunen. Den Ingwer und den Knoblauch hinzufügen und weitere 2 Minuten anbraten, bis beides gar ist.

Den Koriander, den Kreuzkümmel, den Zimt und die Kurkuma untermischen und 1 Minute mitgaren. Das Lammfleisch zugeben und 5 Minuten anbraten, bis es gut gebräunt ist. Den Reis und den Safran hinzufügen und 1 Minute erwärmen. Den Geflügelfond zugießen, danach die Erbsen, den Blumenkohl und die Rosinen untermischen.

Sobald die Mischung zu köcheln beginnt, die Auflaufform für 25–30 Minuten in den Backofen stellen, bis der Fond vom Reis aufgenommen und der Reis gar ist. Aus dem Backofen nehmen und 5 Minuten ruhen lassen. Unmittelbar vor dem Servieren mit den gehackten Pistazien bestreuen. (Abb. S. 82)

Lamm, Schwein und Rind

Curry „Chiang Mai" mit Schweinefleisch

Ein traditionelles Rezept aus Chiang Mai, einer Stadt im Norden Thailands, bei dem die Kokosmilch durch Wasser ersetzt wird – was recht ungewöhnlich ist. Durch die Tamarinde erhält das Curry ein leicht säuerliches Aroma.

Für 4–6 Personen
Vorbereitungszeit: 20 Minuten
Marinierzeit: 30 Minuten
Garzeit: 30 Minuten

500 g Schweinefilet, in Würfel geschnitten
2 EL thailändische Fischsauce *(Nam pla)*
2 EL geraspelter Palmzucker oder brauner Zucker
3 EL rote Currypaste
2 EL Pflanzenöl
80 g geröstete Erdnüsse
30 g Ingwer, geschält und in Streifen geschnitten
2 EL Tamarindenpaste (konzentriertes Tamarindenmark, Asialaden)

Das Schweinefleisch mit der Fischsauce, dem Zucker und der roten Currypaste in eine Schüssel geben und mischen. Zugedeckt 30 Minuten marinieren.

Das Öl in einem Wok erhitzen, dann das marinierte Fleisch darin 5 Minuten anbraten, bis sich die Farbe verändert. Mit 500 ml Wasser ablöschen, danach die Erdnüsse, den Ingwer und die Tamarindenpaste unterrühren. Zum Kochen bringen, die Temperatur senken und 20 Minuten leise köcheln lassen, bis das Fleisch zart und die Sauce leicht eingedickt ist.
(Abb. S. 85)

Lamm, Schwein und Rind

Rotes Curry mit Schweinefilet, Kirschtomaten und Kartoffeln

Dieses Curry habe ich auf meiner letzten Thailandreise entdeckt, und wieder bei meinem Lieblingsimbiss in Bangkok. Jedes Mal, wenn ich dort bin, stoße ich auf ein neues Gericht. Da gibt es nur ein Problem: Ich würde zu gerne alles probieren, aber ich kann doch nicht den ganzen Tag nur essen …

Für 4–6 Personen
Vorbereitungszeit: 10 Minuten
Garzeit: 30 Minuten

2 EL Pflanzenöl
2 EL rote Currypaste
500 g Schweinefilet, in Würfel geschnitten
1 Zwiebel, in Ringe geschnitten
400 ml Kokosmilch
2 Kartoffeln, geschält und in 3 cm große Stücke geschnitten
200 g Kirschtomaten
1 EL thailändische Fischsauce *(Nam pla)*
2 EL geraspelter Palmzucker oder brauner Zucker

Das Öl in einem Wok erhitzen und die rote Currypaste darin 3 Minuten bei mittlerer Temperatur anbraten.

Das Schweinefleisch und die Zwiebel hinzufügen und 5 Minuten anbraten, bis das Fleisch zu bräunen beginnt und die Zwiebel gar ist.

Die Kokosmilch, die Kartoffeln, die Tomaten, die Fischsauce und den Zucker unterrühren. Zum Kochen bringen, die Temperatur senken und 20 Minuten offen köcheln lassen, bis das Fleisch gar ist. (Abb. S. 87)

Rindfleischcurry mit Kürbis

Dies ist ein thailändisches Curry mit indischen Aromen. Masaman-Currypaste besitzt einen nussigeren Geschmack als rote Currypaste. Die Tamarinde ist hier nicht unbedingt erforderlich, ihre säuerliche Note harmoniert jedoch angenehm mit dem Geschmack des Kürbisses.

Für 4–6 Personen
Vorbereitungszeit: 20 Minuten
Garzeit: 25 Minuten

1 EL Pflanzenöl
4 EL Masaman-Currypaste (siehe Seite 152) oder rote Currypaste
500 g Rinderhüftsteak, in Würfel geschnitten
1 Zwiebel, in Spalten geschnitten
2 Zimtstangen
500 ml Kokosmilch
450 g Kürbis, in Würfel geschnitten
200 g junge Maiskölbchen (frisch oder aus der Dose), der Länge nach halbiert
1 EL Tamarindenpaste (konzentriertes Tamarindenmark, Asialaden) (optional)
2 EL thailändische Fischsauce *(Nam pla)*
2 EL geraspelter Palmzucker oder brauner Zucker
Koriandergrün, nur die Blättchen, zum Garnieren

Das Öl in einem Wok erhitzen, dann die Currypaste darin 3–5 Minuten bei mittlerer Temperatur anbraten, bis sie intensiv duftet.

Das Rindfleisch zugeben und 5 Minuten anbraten, bis es gebräunt ist. Die Zwiebelspalten und die Zimtstangen hinzufügen und weitere 3 Minuten anbraten, bis die Zwiebelspalten gar sind.

Die Kokosmilch, den Kürbis, die Maiskölbchen, die Tamarindenpaste (optional), die Fischsauce und den Zucker hinzufügen. 15 Minuten leise köcheln lassen, bis der Kürbis gar ist. Unmittelbar vor dem Servieren mit den Korianderblättchen bestreuen. (Abb. S. 88)

Rotes Curry mit Schweinefilet, Kirschtomaten und Kartoffeln

Rindfleischcurry mit Kürbis

Rotes Curry mit Schweinefilet und Ananas

Dies ist die schnelle Wok-Version eines traditionellen roten Rindfleischcurrys. Ein rotes Curry ist gewöhnlich milder als ein grünes Curry, zudem wird das pikante Aroma durch die frische Ananas in Zaum gehalten.

Für 4 Personen
Vorbereitungszeit: 15 Minuten
Garzeit: 20 Minuten

- 1 EL Pflanzenöl
- 2 EL rote Currypaste
- 500 g Schweinefilet, in Würfel geschnitten
- 400 ml Kokosmilch
- 200 g Zuckerschoten
- 1 rote Paprika, Samen und Scheidewände entfernt und in Streifen geschnitten
- 320 g frische Ananas, in Stücke geschnitten
- 2 EL thailändische Fischsauce *(Nam pla)*
- 1 EL Limettensaft
- 2 EL geraspelter Palmzucker oder brauner Zucker
- 10 g Thai-Basilikum oder Koriandergrün, nur die Blättchen, zum Garnieren

Das Öl in einem Wok erhitzen, dann die rote Currypaste darin bei mittlerer Temperatur anbraten, bis sie intensiv duftet. Das Schweinefleisch zugeben und weitere 3–5 Minuten anbraten, bis es zu bräunen beginnt. Die Kokosmilch, das Gemüse und die Ananasstücke untermischen. Zum Kochen bringen, die Temperatur senken und 10 Minuten leise köcheln lassen.

Das Curry mit der Fischsauce, dem Limettensaft und dem Zucker abschmecken. Unmittelbar vor dem Servieren mit dem Thai-Basilikum oder dem Koriandergrün garnieren, das perfekt mit der Ananas harmoniert. (Abb. S. 90)

Fisch und Meeresfrüchte

Muscheln mit Chili und Zitronengras

Die Muscheln müssen vor der Zubereitung sehr sorgfältig abgebürstet werden. Werfen Sie bereits vor der Zubereitung geöffnete Muscheln weg, da das Risiko besteht, dass sie ungenießbar sind.

Für 4–6 Personen
Vorbereitungszeit: 20 Minuten
Garzeit: 15 Minuten

1 kg Miesmuscheln
1 EL Pflanzenöl
2 Knoblauchzehen, in Scheiben geschnitten
2 Stängel Zitronengras, nur der helle Teil, fein gehackt
2 große rote Chilischoten, Samen entfernt und in feine Ringe geschnitten
2 TL grüne Currypaste
4 Frühlingszwiebeln, in 3 cm lange Stücke geschnitten
500 ml Fischfond
1 EL thailändische Fischsauce *(Nam pla)*
2 TL geraspelter Palmzucker oder brauner Zucker
2 EL Limettensaft

Die Muscheln sorgfältig unter fließendem kalten Wasser reinigen und entbarten (die Byssusfäden entfernen). Geöffnete Muscheln wegwerfen. Das Öl in einem Wok erhitzen, dann den Knoblauch, das Zitronengras, die Chilischoten und die grüne Currypaste darin 3 Minuten bei mittlerer Temperatur anbraten, bis die Currypaste zu duften beginnt. Die Frühlingszwiebelstücke hinzufügen und 2 Minuten anbraten, bis sie weich sind.

Die Muscheln, den Fischfond, die Fischsauce, den Zucker und den Limettensaft zugeben. Den Deckel auflegen und die Muscheln 8–10 Minuten bei mäßiger Hitze garen, bis sie sich geöffnet haben. Noch geschlossene Muscheln wegwerfen. (Abb. S. 95)

Fisch und Meeresfrüchte

Mollee mit Fisch

Die Tamarinde verleiht diesem Mollee, einem traditionellen Curry aus Südindien, ein feines säuerliches Aroma, das ein harmonisches Gleichgewicht zur reichhaltigen Kokosmilch bildet. Wählen Sie einen Fisch mit festem Fleisch, der beim Kochen nicht zerfällt.

Für 4–6 Personen
Vorbereitungszeit: 15 Minuten
Garzeit: 25–30 Minuten

2 EL Pflanzenöl
½ TL Bockshornkleesamen
10 Curryblätter
2 kleine grüne Chilischoten, der Länge nach halbiert
1 kleine rote Zwiebel, in Ringe geschnitten
1 EL Tamarindenpaste (konzentriertes Tamarindenmark, Asialaden)
½ TL Kurkuma (Gelbwurz)
½ TL Salz
½ TL grob zerstoßener schwarzer Pfeffer
½ TL Cayennepfeffer
375 ml Kokosmilch
500 g Fischfilet mit festem weißem Fleisch (beispielsweise Seeteufel, Kabeljau oder Wolfsbarsch), in große Stücke geschnitten
1 mittelgroße reife Tomate, enthäutet und in Spalten geschnitten

Das Öl in einer großen Kasserolle erhitzen, dann die Bockshornkleesamen darin bei mittlerer Temperatur rösten, bis sie zu knacken und zu hüpfen beginnen. Die Curryblätter, die grünen Chilischoten und die Zwiebel zugeben und 10 Minuten anbraten, bis die Zwiebel gar ist.

Die Tamarindenpaste, die Kurkuma, das Salz, den Pfeffer, den Cayennepfeffer und die Hälfte der Kokosmilch unterrühren. Zum Kochen bringen und die Temperatur senken. Die Fischstücke hinzufügen und 5 Minuten sanft garen, währenddessen zweimal wenden.

Die Tomate und die restliche Kokosmilch zugeben, den Deckel auflegen und weitere 5 Minuten köcheln lassen. (Abb. S. 97)

Fischküchlein mit rotem Curry

Ich erinnere mich gern daran, wie ich mit meiner Schwester Paulie über den Wochenendmarkt in Bangkok schlenderte und eine Plastiktüte voller Mini-Fischküchlein erstand. Seit Jahren versuche ich schon, diese kleinen Köstlichkeiten zu perfektionieren – dieses Rezept kommt ihnen sehr nahe.

Für 4–6 Personen
Vorbereitungszeit: 20 Minuten
Garzeit: 15 Minuten

500 g Kabeljaufilet
1 EL rote Currypaste
1 Ei, leicht verquirlt
3 EL grüne Bohnen, in kleine Stücke geschnitten
4 Kaffirlimettenblätter, in sehr feine Streifen geschnitten
1 EL thailändische Fischsauce *(Nam pla)*
2 TL extrafeiner Zucker
Erdnussöl zum Frittieren

Den Fisch mit der roten Currypaste und dem Ei zu einer cremigen Paste pürieren. Die Paste in eine Schüssel umfüllen, dann die grünen Bohnen und die Kaffirlimettenblätter untermischen. Mit der Fischsauce und dem Zucker abschmecken.

Mithilfe eines Esslöffels kleine Küchlein aus der Masse stechen und zwischen den Handflächen flach drücken. Das Öl in einem Wok erhitzen, dann die Küchlein darin 3 Minuten bei mittlerer Temperatur in kleinen Portionen frittieren, bis sie ringsum appetitlich goldbraun gefärbt sind. (Abb. S. 98)

Mollee mit Fisch

Fischküchlein mit rotem Curry

Fisch und Meeresfrüchte

Garnelencurry „Goa"

Hierbei handelt es sich zweifellos um das beliebteste Curry an der Küste Goas. Sie können es mit Garnelen oder mit festfleischigem Fisch zubereiten. Die karamellisierten Zwiebeln sorgen für eine delikate Süße.

Für 4–6 Personen
Vorbereitungszeit: 20 Minuten
Garzeit: 25 Minuten

30 g große, rote getrocknete Chilischoten, Samen entfernt
3 TL Koriandersamen
1 TL Kreuzkümmelsamen (Cumin)
2 kleine rote Zwiebeln, gehackt
3 Knoblauchzehen
1 EL frisch geriebener Ingwer
1 TL Kurkuma (Gelbwurz)
3 EL Pflanzenöl
2 kleine grüne Chilischoten, der Länge nach halbiert
1 kg geschälte und entdarmte mittelgroße Garnelen
2 reife Tomaten, gehackt
500 ml Kokosmilch
1 TL Zitronensaft
½ TL Salz
½ EL geraspelter Palmzucker oder brauner Zucker

Die roten Chilischoten, die Koriandersamen und die Kreuzkümmelsamen 3 Minuten bei mittlerer Temperatur trocken (ohne Fettzugabe) rösten, bis die Mischung intensiv duftet. Beiseitestellen und kurz abkühlen lassen. Dann mit den Zwiebeln, dem Knoblauch, dem Ingwer und der Kurkuma im Mixer zu einer cremigen Paste pürieren. Falls nötig, etwas Wasser zugeben.

Das Öl in einer großen Kasserolle erhitzen und die Paste darin 10 Minuten bei mittlerer Temperatur anbraten.

Die grünen Chilischoten, die Garnelen, die Tomaten und die Kokosmilch hinzufügen und 5 Minuten offen einköcheln lassen. Vor dem Servieren mit dem Zitronensaft, dem Salz und dem Zucker abschmecken. (Abb. S. 101)

Fisch und Meeresfrüchte

Fischfilet aus dem Backofen

In Indien wird Fisch oft in ein Bananenblatt gewickelt im Backofen zubereitet. Bei diesem Rezept handelt es sich zwar nicht um ein Curry, doch seine besondere Gewürzkombination macht es zu einem der besten Fischgerichte, die ich kenne.

Für 6 Personen
Vorbereitungszeit: 30 Minuten
Garzeit: 45 Minutenn

½ TL Kurkuma (Gelbwurz)
1 TL zerstoßener schwarzer Pfeffer
1 TL Salz
1 kg Fischfilet mit festem weißem Fleisch
   (beispielsweise Seeteufel, Kabeljau oder
Wolfsbarsch), in 10 cm große Stücke geschnitten
Pflanzenöl zum Braten
5 kleine grüne Chilischoten
20 asiatische Schalotten (ersatzweise 10 rote
   europäische Schalotten)
4 Knoblauchzehen
1 Stück Ingwer (3 cm lang), geschält und gehackt
1 kleine rote Zwiebel, in Ringe geschnitten
1 TL gemahlener Koriander
½ TL Kurkuma (Gelbwurz)
1 TL Zitronensaft
1 EL geraspelter Palmzucker oder
   brauner Zucker
Junge Bananenblätter oder leicht eingeölte
   Alufolie oder Bratfolie

Den Backofen auf 220 °C vorheizen. Die Kurkuma mit dem schwarzen Pfeffer und dem Salz mischen und den Fisch beidseitig damit einreiben. Das Öl in einem Wok erhitzen, dann den Fisch darin 2 Minuten pro Seite anbraten, bis er eine goldbraune Färbung angenommen hat. Herausnehmen und auf Küchenpapier abtropfen lassen. Das Öl bis auf 3 Esslöffel aus dem Wok abgießen.

Die Chilischoten, die Schalotten, den Knoblauch und den Ingwer zu einer cremigen Paste pürieren. Falls nötig, etwas Wasser zugeben. Das im Wok verbliebene Öl erneut erhitzen und darin die Zwiebel 15 Minuten sanft anbraten, bis sie karamellisiert. Die Chilipaste untermischen und weitere 5 Minuten bei mittlerer Temperatur anbraten. Den gemahlenen Koriander und die Kurkuma hinzufügen und nochmals 5 Minuten mitgaren. Den Wok vom Herd nehmen. Die Mischung mit dem Zitronensaft und dem Zucker würzen.

Die Bananenblätter über einer Gasflamme oder unter dem Grill erwärmen, bis sie weich und biegsam sind. Den Fisch ringsum mit der Chili-Gewürz-Mischung bestreichen, in die Bananenblätter (oder die Alufolie oder Bratfolie) wickeln und mit Küchengarn fixieren (erübrigt sich bei der Verwendung von Alufolie und Bratfolie). 15 Minuten im Backofen backen, bis der Fisch gar ist. (Abb. S. 103)

Meeresfrüchtecurry

Für dieses schnelle und einfache Currygericht können Sie sich Ihre persönlichen Favoriten unter den Meeresfrüchten auswählen. Da der Joghurt zusammen mit den Tomaten erhitzt wird, gerinnt er, was jedoch keinerlei Auswirkung auf den Geschmack des Gerichts hat. Verwenden Sie für dieses Rezept keinen dicken griechischen Sahnejoghurt, sondern einen fettarmen Joghurt.

Für 4–6 Personen
Vorbereitungszeit: 15 Minuten
Garzeit: 25 Minuten

2 EL Pflanzenöl
1 TL schwarze Senfkörner
1 kleine rote Zwiebel, gehackt
1 TL Garam Masala
1 TL gemahlener Kreuzkümmel (Cumin)
1 TL gemahlener Koriander
½ TL Kurkuma (Gelbwurz)
½ TL Cayennepfeffer
400 g stückige Tomaten aus der Dose
½ TL Salz
125 ml Naturjoghurt
1 EL geraspelter Palmzucker oder
   brauner Zucker
750 g gemischte Meeresfrüchte (Garnelen,
   Jakobsmuscheln, Kalmare), küchenfertig

Das Öl in einer großen Kasserolle erhitzen, die Senfkörner darin 3 Minuten bei mittlerer Temperatur rösten, bis sie zu knacken und zu hüpfen beginnen. Die Zwiebel zugeben und 5 Minuten anbraten, bis sie gut gebräunt ist. Das Garam Masala, den Kreuzkümmel, den Koriander, die Kurkuma und den Cayennepfeffer untermischen und weitere 2 Minuten garen.

Die Tomaten, das Salz und den Joghurt zugeben. Den Deckel auflegen und 10 Minuten leise köcheln lassen. Vor dem Servieren den Zucker und die Meeresfrüchte hinzufügen und nochmals 2 Minuten erhitzen. (Abb. S. 104)

Fischfilet aus dem Backofen

Meeresfrüchtecurry

Sauer-scharfe Suppe mit Garnelen und Chilischoten *(Tom yum goong)*

Fisch und Meeresfrüchte

Sauer-scharfe Suppe mit Garnelen und Chilischoten
(Tom yum goong)

Die Garnelenschalen nicht zu lange im Geflügelfond auskochen, da der Fond sonst bitter wird. Sie können den Fond im Voraus zubereiten und die Garnelen erst unmittelbar vor dem Servieren zugeben, so bleiben sie schön saftig.

Für 4 Personen
Vorbereitungszeit: 10 Minuten
Garzeit: 20 Minuten

500 g mittelgroße, rohe ungeschälte Garnelen
1,25 l Geflügelfond
3 Stängel Zitronengras, nur der helle Teil, zerdrückt
4 Kaffirlimettenblätter, zerzupft
1 EL rote Currypaste
2 reife Tomaten, grob gehackt
1 EL thailändische Fischsauce *(Nam pla)*
3 EL Limettensaft
2 EL Koriandergrün, nur die Blättchen, zum Garnieren (optional)

Die Garnelen schälen und den dunklen Darm entfernen. Das Schwanzsegment an den Garnelen belassen, die Schalen aufbewahren.

Den Geflügelfond in einen Topf füllen, die aufbewahrten Garnelenschalen zugeben. Zum Kochen bringen, die Temperatur senken und 10 Minuten leise köcheln lassen. Den Fond durch ein feines Sieb abseihen. Die Schalen wegwerfen.

Den Fond zurück in den Topf füllen, dann das Zitronengras, die Kaffirlimettenblätter, die rote Currypaste und die Garnelen untermischen. 3–5 Minuten sanft köcheln lassen, bis sich die Garnelen rosa gefärbt haben. Die Tomaten hinzufügen und mit der Fischsauce und dem Limettensaft abschmecken. Unmittelbar vor dem Servieren mit den Korianderblättchen garnieren (optional). (Abb. S. 105)

Fischcurry „Kerala"

Die Kombination aus mild-süßlichen Schalotten und säuerlicher Tamarinde harmoniert wunderbar mit dem Fisch. Die Tomaten verleihen diesem Kokosmilchcurry zusätzliches Aroma.

Für 4–6 Personen
Vorbereitungszeit: 15 Minuten
Garzeit: 30 Minuten

10 asiatische Schalotten (ersatzweise 5 rote europäische Schalotten), gehackt
4 Knoblauchzehen
1 Stück Ingwer (2 cm lang), geschält
3 EL Pflanzenöl
2 getrocknete rote Chilischoten
10 Curryblätter
1 TL Garam Masala
750 g Fischfilet mit festem weißem Fleisch (beispielsweise Seeteufel, Kabeljau oder Wolfsbarsch), in große Stücke geschnitten
2 reife Tomaten, gehackt
125 ml Kokosmilch
½ TL Salz
½ EL Tamarindenpaste (konzentriertes Tamarindenmark, Asialaden)
½ EL geraspelter Palmzucker oder brauner Zucker
1–2 kleine rote Chilischoten, der Länge nach halbiert, zum Garnieren

Die Schalotten, den Knoblauch und den Ingwer zu einer cremigen Paste pürieren. Falls nötig, etwas Wasser zugeben.

Das Öl in einer großen Kasserolle erhitzen, dann die Paste darin 10 Minuten bei mittlerer Temperatur anbraten.

Die Chilischoten, die Curryblätter und das Garam Masala untermischen und weitere 3 Minuten garen. Den Fisch, die Tomaten, die Kokosmilch und das Salz hinzufügen. Den Deckel auflegen und 10 Minuten leise köcheln lassen.

Die Tamarindenpaste und den Zucker zugeben und 5 Minuten bei niedriger Temperatur offen einköcheln lassen. Unmittelbar vor dem Servieren mit den roten Chilischoten garnieren. (Abb. S. 107)

Fischcurry „Kerala"

Fisch und Meeresfrüchte

Curry „Kerala" mit Muscheln und Kalmaren

Als ich mich in Kochi, Kerala, aufhielt, kaufte ich dort jeden Tag frische Kalmare, Muscheln, Garnelen oder Krebse und mein Fischhändler bereitete mir daraus dieses Gericht zu. Noch nie zuvor hatte ich etwas Ähnliches gegessen, daher war ich überglücklich, als mir Reena, meine Kochlehrerin vor Ort, die Zubereitung zeigte.

Für 4–6 Personen
Vorbereitungszeit: 20 Minuten
Garzeit: 20 Minuten

400 g kleine Kalmare
1 TL Cayennepfeffer
½ TL Kurkuma (Gelbwurz)
½ TL Salz
1 EL Ingwer-Knoblauch-Paste (siehe Seite 152)
2 EL Pflanzenöl
10 Curryblätter
1 TL geraspelter Palmzucker oder brauner Zucker
200 g Muschelfleisch von gegarten und ausgelösten Miesmuscheln

Die Kalmare reinigen, die Körper in Ringe, die Fangarme in Stücke schneiden. Die Kalmare mit dem Cayennepfeffer, der Kurkuma, dem Salz und der Ingwer-Knoblauch-Paste in einer Schüssel sorgfältig vermischen.

Den Schüsselinhalt in einen Wok geben. Das Öl, die Curryblätter und den Zucker hinzufügen. Den Deckel auflegen und 15 Minuten erhitzen, bis die Meeresfrüchte gar sind. Den Deckel abnehmen, die Muscheln zugeben und in 1 Minute fertig garen. (Abb. S. 109)

Curry „Chu Chi" mit Jakobsmuscheln und Fisch

Garnelenpaste verströmt einen eher abschreckenden Geruch, verleiht einem Curry jedoch ein erstaunliches Aroma. Die Garnelenpaste vor der Verwendung in Alufolie wickeln und 5 Minuten rösten.

Für 4–6 Personen
Vorbereitungszeit: 15 Minuten
Garzeit: 30 Minuten

500 ml Kokosmilch
1–2 EL rote Currypaste
1 TL geröstete Garnelenpaste, vorbereitet, wie oben beschrieben (optional)
2 EL thailändische Fischsauce *(Nam pla)*
1–2 EL geraspelter Palmzucker oder brauner Zucker
4 Kaffirlimettenblätter, in feine Streifen geschnitten
300 g Fischfilet mit weißem, festem Fleisch (beispielsweise Seeteufel, Kabeljau oder Wolfsbarsch), in Würfel geschnitten
12 Jakobsmuscheln

Einen Wok erhitzen. Die dickflüssige Schicht Kokoscreme, die sich auf der Kokosmilch abgesetzt hat, zusammen mit der roten Currypaste in den Wok geben und 5 Minuten bei mittlerer Temperatur erhitzen, bis die Currypaste zu duften beginnt.

Die Kokosmilch zugießen. Mit der Garnelenpaste (optional), der Fischsauce, dem Zucker und den Kaffirlimettenblättern würzen und 20 Minuten leise köcheln lassen, bis das Curry eingedickt ist. Den Fisch zugeben und 3 Minuten garen. Im letzten Moment die Jakobsmuscheln untermischen und keinesfalls länger als 2 Minuten fertig garen. (Abb. S. 111)

Curry „Kerala" mit Muscheln und Kalmaren

Curry „Chu Chi" mit Jakobsmuscheln und Fisch

Frittierte Dorade in süßer roter Currysauce

Es ist wichtig, dass der Fisch beim Frittieren vollkommen trocken ist. Dazu den Fisch von innen und außen gründlich mit Küchenpapier trocken tupfen. Achten Sie darauf, den Wok nur bis zur Hälfte mit Öl zu füllen, da das Öl aufwallt, wenn der Fisch hineingegeben wird.

Für 4 Personen
Vorbereitungszeit: 15 Minuten
Garzeit: 20–25 Minuten

1 Dorade (Goldbrasse) à 750 g
Erdnussöl zum Frittieren
2 EL Erdnussöl
1 Zwiebel, gehackt
4 Knoblauchzehen, gehackt
2 EL rote Currypaste
1 EL Sojasauce
100 g geraspelter Palmzucker oder brauner Zucker
3 EL Limettensaft
1 große rote Chilischote, in feine Streifen geschnitten, zum Garnieren
10 Thai-Basilikumblättchen oder 10 Stängel Koriandergrün zum Garnieren

Die Dorade auf beiden Seiten je dreimal einschneiden, danach sorgfältig mit Küchenpapier trocken tupfen.

Das Erdnussöl in einem Wok bei mittlerer Temperatur erhitzen. Wenn sich an einem ins heiße Öl getauchten Holzlöffelstiel ringsum Bläschen bilden, hat das Öl die richtige Temperatur zum Frittieren. Die Dorade 3–5 Minuten pro Seite frittieren, bis sie eine appetitlich goldbraune Färbung angenommen hat. Auf Küchenpapier abtropfen lassen.

2 Esslöffel Erdnussöl in einer Pfanne oder einem Wok erhitzen, dann die Zwiebel, den Knoblauch und die rote Currypaste darin 3 Minuten bei niedriger Temperatur anbraten, bis die Currypaste zu duften beginnt. Die Sojasauce, den Zucker und den Limettensaft hinzufügen und 10 Minuten leise köcheln lassen, bis die Mischung sirupartig eingekocht ist.

Den Fisch mit dem Curry übergießen und unmittelbar vor dem Servieren mit den Chilistreifen und den Basilikumblättchen oder dem Koriandergrün garnieren. (Abb. S. 113)

Gemüse

Gemüse

Hart gekochte Masala-Eier

Als ich mich in Kochi, in Kerala, aufhielt, verspeiste ich fast täglich ein Masala-Ei mit Appam (Pfannkuchen aus Reismehl) zum Frühstück und genoss dazu eine Tasse Chai.

Servieren Sie diese Eier mit reichlich indischem Brot zum Auftunken der köstlichen Sauce.

Für 4–6 Personen
Vorbereitungszeit: 15 Minuten
Garzeit: 40 Minuten

3 EL Pflanzenöl
1 kleine rote Zwiebel, fein gehackt
1 EL gemahlener Koriander
½ TL Fenchelsamen
1 TL Garam Masala
½ TL Cayennepfeffer
½ TL Kurkuma (Gelbwurz)
1 Tomate, enthäutet, Samen entfernt und grob gehackt
½ TL Salz
1 EL Tamarindenpaste (konzentriertes Tamarindenmark, Asialaden)
250 ml Kokosmilch
8 Eier, hart gekocht und geschält

Das Öl in einer Kasserolle erhitzen, dann die Zwiebel darin 10 Minuten bei mittlerer Temperatur anbraten. Den Koriander und die Fenchelsamen zugeben und 3 Minuten rösten, bis sie zu duften beginnen.

Das Garam Masala, den Cayennepfeffer und die Kurkuma hinzufügen und weitere 5 Minuten mitgaren.

Die Tomate, das Salz und die Tamarindenpaste untermischen. 125 ml Wasser und die Kokosmilch zugießen und 20 Minuten offen einköcheln lassen. Die hart gekochten Eier hineingeben, in der Sauce erhitzen und servieren. (Abb. S. 117)

Gemüse

Dal Makhan

Ich weiß nicht, wie viele Rezepte für Dal tatsächlich existieren – ich weiß nur, dass eine indische Mahlzeit ohne Dal ihren Namen nicht verdient. Da dieses Dal etwas reichhaltig ist, sollte es mit einem leichten Currygericht kombiniert werden.

Für 4–6 Personen
Vorbereitungszeit: 10 Minuten
Garzeit: 1 1/4 Stunden

220 g Mungbohnen (Mung dal) oder geschälte halbe gelbe Erbsen (siehe dazu auch Seite 144)
2 EL Ghee oder Pflanzenöl
2 EL Ingwer-Knoblauch-Paste (siehe Seite 152)
400 g stückige Tomaten aus der Dose
2 TL gemahlener Koriander
½ TL Garam Masala
¼ TL frisch geriebene Muskatnuss
½ TL Salz
125 ml Crème légère (15 %) oder Kaffeesahne (12 %)

Die Mungbohnen oder die halben Erbsen in kaltem Wasser aufsetzen, zum Kochen bringen und 50 Minuten kochen, bis sie gar sind.

Das Ghee oder das Öl in einem Wok erhitzen und die Ingwer-Knoblauch-Paste 5 Minuten darin anbraten. Die Tomaten unterrühren und 10 Minuten kräftig kochen lassen, bis die Sauce eindickt.

Die Gewürze in den Wok geben und weitere 2 Minuten kochen lassen. Die Crème légère oder Kaffeesahne und die Mungbohnen oder Erbsen hinzufügen und nochmals 5 Minuten leise köcheln lassen, bis alles vollständig erhitzt ist. (Abb. S. 119)

Süßsaures Gemüsecurry mit Ei

Currys mit einer feinen Säure und suppenähnlicher Konsistenz zählen in Thailand zu den beliebtesten Currys. Jasminreis ist hier der perfekte Partner. Das säuerliche Aroma stammt vom konzentrierten Tamarindenmark.

Für 4–6 Personen
Vorbereitungszeit: 15 Minuten
Garzeit: 20 Minuten

750 ml Gemüsefond
2 EL Tamarindenpaste (konzentriertes Tamarindenmark, Asialaden)
2 TL geraspelter Palmzucker oder brauner Zucker
2 EL rote Currypaste
6 Eier, hart gekocht und geschält
230 g Bambussprossen aus der Dose, abgetropft
200 g Shiitakepilze, halbiert
2 Salatgurken, in mundgerechte Stücke geschnitten
2 Tomaten, in Spalten geschnitten
130 g Chinakohl, in Streifen geschnitten

Den Gemüsefond mit der Tamarindenpaste, dem Zucker und der roten Currypaste in einem großen Topf erhitzen. Zum Kochen bringen, dann die Temperatur senken. Das Gemüse hinzufügen und 15 Minuten leise köcheln lassen, bis das Gemüse gar ist. Kurz vor Ende der Garzeit die hart gekochten Eier im Curry erwärmen. (Abb. S. 121)

Dal Makhan

Süßsaures Gemüsecurry mit Ei

Gemüse

Kartoffeln Masala

Diese Kartoffelmischung dient auch als Füllung für die pfannkuchenartigen knusprigen Dosas, die in Indien zu jeder Mahlzeit serviert werden. Ich esse dieses Gericht sehr gern solo, doch probieren Sie es auch mal zu warmen Chapattis und Kokos-Chutney (siehe Seite 154).

Für 4–6 Personen
Vorbereitungszeit: 10 Minuten
Garzeit: 30 Minuten

500 g Kartoffeln
3 EL Pflanzenöl
½ TL schwarze Senfkörner
10 Curryblätter
1–2 kleine grüne Chilischoten, Samen entfernt und gehackt
1 kleine rote Zwiebel, gehackt
½ TL Kurkuma (Gelbwurz)
½ TL Salz

Die Kartoffeln waschen, 10 Minuten ungeschält in einem großen Topf in kochendem Wasser garen. Vorsichtig abgießen, kurz abkühlen lassen, schälen und in große Stücke schneiden.

Das Öl in einer großen Pfanne erhitzen, dann die Senfkörner darin 3 Minuten rösten, bis sie zu knacken und zu hüpfen beginnen. Die Curryblätter, die Chilischoten und die Zwiebel hinzufügen. Weitere 10 Minuten garen, bis die Zwiebel angebräunt ist.

Die Kurkuma, die Kartoffeln, das Salz und 2 Esslöffel Wasser zugeben, nochmals 5 Minuten erhitzen, bis die Kartoffeln heiß sind.
(Abb. S. 123)

Pagara Bengan

Wörtlich übersetzt bedeutet der Name „gewürzte Aubergine". Dieses ursprünglich aus Hyderabad stammende Rezept gehört zu meinen Lieblingsgerichten. Es ist sehr reichhaltig und sollte mit Brot oder einem Biryani (beispielsweise dem Lamm-Biryani von Seite 83) serviert werden.

Für 4–6 Personen
Vorbereitungszeit: 20 Minuten
Garzeit: 50 Minuten

8 kleine Auberginen
1 EL Kokosraspel
1 EL Koriandersamen
1 EL Sesamsamen
2 TL gemahlener Kreuzkümmel (Cumin)
2 EL Erdnüsse
½ TL Cayennepfeffer
½ TL Garam Masala
½ TL Fenchelsamen
1 TL Tamarindenpaste (konzentriertes Tamarindenmark, Asialaden)
1 Stück Ingwer (2 cm lang), geschält
3 Knoblauchzehen, geschält
4 EL Pflanzenöl
½ TL Salz
1 TL geraspelter Palmzucker oder brauner Zucker

Die Auberginen der Länge nach ein-, aber nicht durchschneiden, dabei die Stängel an den Auberginen belassen.

In einer großen Kasserolle oder einem Wok die Kokosraspel, den Koriander, die Sesamsamen, den Kreuzkümmel und die Erdnüsse 3–5 Minuten trocken (ohne Fettzugabe) rösten. Nach dem Abkühlen die Mischung mit dem Cayennepfeffer, dem Garam Masala, den Fenchelsamen, der Tamarindenpaste, dem Ingwer und dem Knoblauch zu einer Paste pürieren. Falls nötig, etwas Wasser zugeben.

Das Öl in einem Wok erhitzen und die Auberginen darin 3 Minuten anbraten, damit die Haut weich wird, dann herausnehmen und beiseitestellen. Die pürierte Paste anbraten, bis sie sich vom Pfannenboden löst.

Die Auberginen zurück in den Wok geben und 250 ml Wasser zugießen. Zum Kochen bringen, den Deckel auflegen, die Temperatur senken und 30 Minuten leise köcheln lassen, bis die Auberginen gar sind.

Den Deckel abnehmen, mit Salz und Zucker abschmecken und in 10 Minuten fertig garen.
(Abb. S. 124)

Kartoffeln Masala

Pagara Bengan

Dal „Mysore" auf Aunty-Art

Gemüse

Dal „Mysore" auf Aunty-Art

Dieses einfache Dal-Rezept hat mir meine Freundin Aunty verraten, als ich in Mysore ihre Kochkurse zur Vorbereitung dieses Buchs besuchte. In Mysore wird das Gericht mit Chayote zubereitet.

Für 4–6 Personen
Vorbereitungszeit: 10 Minuten
Garzeit: 1 Stunde

220 g geschälte halbe gelbe Erbsen
½ TL Kurkuma (Gelbwurz)
1 TL Pflanzenöl
1 mittelgroße Chayote oder 1 Zucchini
1 TL Salz
20 g frische Kokosnuss, geraspelt, oder Kokosraspel
2 TL Zitronensaft

Die Erbsen in kaltem Wasser aufsetzen. Die Kurkuma und das Öl zugeben, zum Kochen bringen und 50 Minuten kochen lassen, bis die Erbsen gar sind.

Die Chayote unter fließendem Wasser schälen, dann halbieren, um den Samen zu entfernen, und klein hacken. Alternativ die Zucchini klein hacken. Die Chayote oder Zucchini und das Salz zu den Erbsen geben und weitere 10 Minuten köcheln lassen. Die Kokosnuss und den Zitronensaft untermischen und in 2 Minuten fertig garen. (Abb. S. 125)

Gemüsecurry mit Kokosnuss und Kichererbsen

Es waren die Engländer, die im 17. Jahrhundert das Currypulver erfanden. Nachdem sie Indien verlassen hatten, konnten sie damit schnell und einfach weiterhin Currys zubereiten, ohne jedes Mal Gewürze rösten und mahlen zu müssen.

Für 4–6 Personen
Vorbereitungszeit: 20 Minuten
Garzeit: 50 Minuten

2 EL Pflanzenöl
1 Zwiebel, gehackt
3 EL Currypulver
6 kleine Kartoffeln, geschält und halbiert
2 Möhren, in Scheiben geschnitten
4 kleine Auberginen, in Scheiben geschnitten
300 g Blumenkohlröschen
400 g Kichererbsen aus der Dose, abgespült und abgetropft
400 ml Kokosmilch
2 Tomaten, gehackt
1 TL geraspelter Palmzucker oder brauner Zucker
½ TL Salz

Das Öl in einer großen Kasserolle erhitzen, dann die Zwiebel darin 10 Minuten bei mittlerer Temperatur anbraten. Das Currypulver untermischen und weitere 2 Minuten anbraten, bis es zu duften beginnt.

Das Gemüse, die Kichererbsen, die Kokosmilch, die Tomaten, den Zucker und das Salz hinzufügen. 250 ml Wasser zugießen, den Deckel auflegen und 30 Minuten leise köcheln lassen. Den Deckel abnehmen und nochmals 5 Minuten einköcheln lassen, bis die Sauce einzudicken beginnt. (Abb. S. 127)

Gemüsecurry mit Kokosnuss und Kichererbsen

Gemüse

Avial

Bei einem Avial handelt es sich um ein Gemüsecurry, das ursprünglich aus Kerala stammt. Man nimmt dafür einfach das Gemüse, das gerade im Haus ist. Ein intensiveres Kokosaroma erhalten Sie, wenn Sie die Kokosraspel vor dem Pürieren in einer Pfanne trocken (ohne Fettzugabe) rösten.

Für 4–6 Personen
Vorbereitungszeit: 15 Minuten
Garzeit: 25–30 Minuten

50 g Kokosraspel
1 TL Koriandersamen
3 Knoblauchzehen
1 kleine rote Zwiebel, gehackt
2 große, rote getrocknete Chilischoten, in Stücke gebrochen
¼ TL Kurkuma (Gelbwurz)
1 TL Tamarindenpaste (konzentriertes Tamarindenmark, Asialaden)
2 EL Pflanzenöl
10 Okraschoten, der Länge nach halbiert
100 g grüne Bohnen, in Stücke geschnitten
125 g Blumenkohlröschen
80 g Erbsen
2 Kartoffeln, geschält und in Würfel geschnitten
1 Möhre, in Würfel geschnitten

Die Kokosraspeln mit den Koriandersamen, dem Knoblauch, der Zwiebel, den Chilischoten, der Kurkuma und der Tamarindenpaste zu einer Paste pürieren. Falls nötig, etwas Wasser zugeben.

Das Öl in einer großen Kasserolle erhitzen und darin die Okraschoten 5 Minuten anbraten, bis sie gar und angebräunt sind. Das restliche Gemüse hinzufügen, 250 ml Wasser zugießen, den Deckel auflegen und 10 Minuten garen.

Die Paste unterrühren und weitere 10 Minuten bei aufgelegtem Deckel köcheln lassen, bis das Gemüse gar ist. (Abb. S. 129)

Rotes Gemüsecurry mit Ananas

Ein schnelles und einfaches Curry, für das alles verwendet werden kann, was der Kühlschrank an Obst und Gemüse gerade zu bieten hat. Die Ananas können Sie auch durch Mango oder Banane ersetzen.

Für 4–6 Personen
Vorbereitungszeit: 15 Minuten
Garzeit: 20 Minuten

1 EL Pflanzenöl
1 EL rote Currypaste
500 ml Kokosmilch samt Kokoscreme, die sich oben in der Dose abgesetzt hat
1 Möhre, in Scheiben geschnitten
1 rote Paprika, Samen und Scheidewände entfernt und in Streifen geschnitten
200 g Blumenkohlröschen
1 EL Limettensaft
1 EL geraspelter Palmzucker oder brauner Zucker
200 g Brokkoliröschen
100 g Zuckerschoten
400 g frische Ananas, in kleine Stücke geschnitten
2 EL in feine Streifen geschnittene Kaffirlimettenblätter zum Garnieren

Das Öl in einem Wok erhitzen und die Kokoscreme, die sich oben in der Dose abgesetzt hat, zusammen mit der roten Currypaste darin 3 Minuten bei mittlerer Temperatur erwärmen, dabei gelegentlich umrühren.

Mit der Kokosmilch ablöschen. Die Möhren, die Paprika, die Blumenkohlröschen, den Limettensaft und den Zucker hinzufügen. Zum Kochen bringen, die Temperatur senken und 10 Minuten leise köcheln lassen.

Die Brokkoliröschen, die Zuckerschoten und die Ananas untermischen. Weitere 5 Minuten köcheln lassen, bis die Brokkoliröschen gar sind. Unmittelbar vor dem Servieren mit den in Streifen geschnittenen Kaffirlimettenblättern garnieren. (Abb. S. 130)

Avial

Rotes Gemüsecurry mit Ananas

Gemüse

Grünes Gemüsecurry mit Tofu

Vegetarier, die Thailand bereist haben, kennen und lieben dieses Curry. Kein grünes Gemüsecurry mit Tofu gleicht je dem anderen: durch die unendlichen Kombinationsmöglichkeiten der Gemüsesorten ist immer für kulinarische Abwechslung gesorgt.

Für 4–6 Personen
Vorbereitungszeit: 20 Minuten
Garzeit: 30 Minuten

1 EL Pflanzenöl
1–2 EL grüne Currypaste
500 ml Kokoscreme (Fertigprodukt oder cremige Schicht, die sich bei Kokosmilchkonserven oben absetzt)
300 g Kürbis, in große Stücke geschnitten
200 g grüne Bohnen
100 g junge Maiskölbchen (frisch oder aus der Dose)
100 g Shiitakepilze
2 Tomaten, in Spalten geschnitten
250 g fester Tofu, in Würfel geschnitten
1 EL thailändische Fischsauce *(Nam pla)* (optional)
1 EL geraspelter Palmzucker oder brauner Zucker

Das Öl in einem Wok erhitzen, dann die grüne Currypaste mit 60 ml Wasser darin erwärmen, bis die Paste intensiv duftet.

Die Kokoscreme, den Kürbis, die grünen Bohnen, die Maiskölbchen, die Shiitakepilze, die Tomaten, den Tofu, die Fischsauce und den Zucker hinzufügen. Zum Kochen bringen, die Temperatur senken und 20 Minuten leise köcheln lassen, bis der Kürbis gar ist.
(Abb. S. 132)

Curry-Tofu-Spieße mit Satay-Sauce

Diese Spieße werden auf dem Grill zubereitet, was ihnen ein wunderbares Aroma verleiht. Je länger Sie dem Tofu Zeit lassen, die würzige Marinade aufzunehmen, desto aromatischer ist sein Geschmack.

Für 4–6 Personen
Einweichzeit für die Spieße: 20 Minuten
Vorbereitungszeit: 20 Minuten
Marinierzeit: 30 Minuten
Garzeit: 15–20 Minuten

2 EL Sojasauce
2 EL süße Chilisauce
750 g fester Tofu, in 5 cm lange Stücke geschnitten
4 große, rote getrocknete Chilischoten
2 Knoblauchzehen
½ TL Salz
160 g geröstete Erdnüsse
1 EL Pflanzenöl
250 ml Kokosmilch
1 TL geraspelter Palmzucker oder brauner Zucker
1 TL Weißweinessig
6 Frühlingszwiebeln, in 5 cm lange Stücke geschnitten
2 EL Pflanzenöl zum Grillen oder Braten

Die Bambusspieße 20 Minuten in kaltem Wasser einweichen.

Die Sojasauce und die süße Chilisauce vermischen und die Tofustücke mindestens 30 Minuten darin marinieren.

Für die Satay-Sauce die Chilischoten 15 Minuten in heißem Wasser einweichen, bis sie weich sind. Gründlich abtropfen lassen und grob hacken. Mit dem Knoblauch, dem Salz und den Erdnüssen zu einer cremigen Paste pürieren.

Das Öl in einer großen Kasserolle erhitzen, dann die Paste darin 5 Minuten bei mittlerer Temperatur anbraten, bis sie intensiv duftet. Die Kokosmilch, den Zucker und den Essig hinzufügen und 5–10 Minuten leise köcheln lassen, bis sich das Öl an der Oberfläche absetzt.

Den marinierten Tofu und die Frühlingszwiebeln auf die Bambusspieße stecken und 5 Minuten auf dem leicht eingeölten Grill oder in einer Bratpfanne garen, bis sie appetitlich gebräunt sind. Mit der Satay-Sauce servieren. (Abb. S. 135)

Rotes Curry mit Tempeh

Tempeh hat die Form einer flachen Kuchenschnitte und besteht aus fermentierten Sojabohnen. Sie finden es in Reformhäusern; falls nicht, können Sie es durch Tofu ersetzen.

Für 4–6 Personen
Vorbereitungszeit: 20 Minuten
Garzeit: 20 Minuten

300 g Tempeh, in dünne Streifen geschnitten
Erdnussöl zum Frittieren
1 große rote Chilischote, Samen entfernt und in feine Ringe geschnitten
1 EL rote Currypaste
2 EL Tamarindenpaste (konzentriertes Tamarindenmark, Asialaden)
4 EL geröstete Schalotten
4 EL geraspelter Palmzucker oder brauner Zucker
1 Möhre, in Scheiben geschnitten
1 rote Paprika, Samen und Scheidewände entfernt und in Streifen geschnitten
2 EL Koriandergrün, nur die Blättchen

Das Tempeh 3–5 Minuten frittieren, bis es knusprig und gut gebräunt ist. Auf Küchenpapier abtropfen lassen.

Vom bereits zum Frittieren verwendeten Öl 1 Esslöffel abnehmen und in einem Wok erhitzen. Die Chilischote und die rote Currypaste darin 3 Minuten bei mittlerer Temperatur anbraten, bis die Paste zu duften beginnt.

Die Tamarindenpaste, die gerösteten Schalotten und den Zucker hinzufügen und umrühren, bis sich der Zucker auflöst. 60 ml Wasser zugießen, zum Kochen bringen und 5 Minuten köcheln lassen, bis die Sauce eindickt.

Die Möhre und die Paprika zugeben und köcheln lassen, bis sie gar sind. Zum Schluss die Korianderblättchen und das Tempeh untermischen, erhitzen und servieren. (Abb. S. 137)

Curry-Tofu-Spieße mit Satay-Sauce

Rotes Curry mit Tempeh

Gemüse

Dal mit Spinat

Keine indische Mahlzeit ist komplett ohne eine Schüssel Dal. Durch die Zugabe von Spinat erhält das Dal jedoch eher einen Hauptgerichtcharakter – zusammen mit warmem Roti-Brot ein schönes Abendessen.

Für 4–6 Personen
Vorbereitungszeit: 15 Minuten
Garzeit: gut 1 Stunde

220 g Mungbohnen oder geschälte halbe gelbe Erbsen
500 g Blattspinat, gewaschen, geputzt und grob gehackt
¼ TL Asant (Asafoetida)
¼ TL Kurkuma (Gelbwurz)
½ TL Salz
2 EL Pflanzenöl
1 TL schwarze Senfkörner
1 TL Kreuzkümmelsamen (Cumin)
10 Curryblätter
½ TL Paprikapulver
2 Knoblauchzehen, in feine Scheiben geschnitten

Die Mungbohnen oder die halben Erbsen in kaltem Wasser aufsetzen. Zum Kochen bringen und 50 Minuten kochen lassen, bis sie gar sind. Den Blattspinat, das Asant, die Kurkuma und das Salz hinzufügen. Weitere 10 Minuten köcheln lassen, bis der Spinat gar und das Dal eingedickt ist.

Das Öl in einer Pfanne erhitzen, dann die Kreuzkümmelsamen und die Senfsamen 3 Minuten bei mittlerer Temperatur braten, bis die Senfkörner zu knacken und zu hüpfen beginnen. Die Curryblätter, das Paprikapulver und den Knoblauch zugeben und nochmals 2 Minuten erhitzen.

Das Dal in eine große Schüssel füllen und mit dem Würzöl übergießen. (Abb. S. 139)

Dum Aloo

Das Wort *dum* bedeutet, etwas bei geschlossenem Deckel zu dämpfen. In Nordindien bezeichnet *aloo* die Kartoffel, die dort ein Grundnahrungsmittel ist. Traditionell wird das Gericht mit Kaschmir-Chilischoten gefärbt.

Für 4–6 Personen
Vorbereitungszeit: 20 Minuten
Einweichzeit: 15 Minuten
Garzeit: 45 Minuten

4 große, rote getrocknete Chilischoten
1 kleine rote Zwiebel, gehackt
3 Knoblauchzehen, gehackt
1 TL Garam Masala
½ TL Kurkuma (Gelbwurz)
3 EL Pflanzenöl
1 kg kleine Kartoffeln, geschält
125 ml Naturjoghurt
1 TL Salz
1 TL brauner Zucker

Die Chilischoten 15 Minuten in kochendem Wasser einweichen, dann abtropfen lassen. Zusammen mit der Zwiebel, dem Knoblauch, dem Garam Masala und der Kurkuma zu einer cremigen Paste pürieren. Falls nötig, etwas Wasser zugeben.

Das Öl in einer Kasserolle erhitzen, die Würzpaste darin 10 Minuten bei mittlerer Temperatur anbraten.

Die Kartoffeln hinzufügen, 250 ml Wasser zugießen und 20 Minuten bei aufgelegtem Deckel garen. Den Deckel abnehmen und 10 Minuten köcheln lassen, bis die Sauce einzudicken beginnt. Den Joghurt, das Salz und den Zucker unterrühren und 1 Minute köcheln lassen. (Abb. S. 140)

Dal mit Spinat

Dum Aloo

Mango-Senf-Curry

Mango-Senf-Curry

Dieses köstliche Curry lässt sich wunderbar mit pikanten Gerichten kombinieren. Traditionell wird Mango mittags verzehrt, da Inder glauben, die Frucht sei schwer verdaulich. Aus diesem Grund habe ich Ingwer in dieses Rezept aufgenommen.

Für 4–6 Personen
Vorbereitungszeit: 15 Minuten
Garzeit: 15 Minuten

100 g Kokosraspel
1 EL frisch geriebener Ingwer
¼ TL Kurkuma (Gelbwurz)
½ TL Cayennepfeffer
6 schwarze Pfefferkörner
1 TL Tamarindenpaste (konzentriertes Tamarindenmark, Asialaden)
1 EL Pflanzenöl
1 TL schwarze Senfkörner
6 Curryblätter
½ TL Salz
3 Mangos, geschält und in dicke Scheiben geschnitten

Die Kokosraspel mit dem Ingwer, der Kurkuma, dem Cayennepfeffer, den Pfefferkörnern und der Tamarindenpaste zu einer cremigen Paste pürieren. Falls nötig, etwas Wasser zugeben.

Das Öl in einer Kasserolle erhitzen und die Senfkörner darin 3 Minuten bei mittlerer Temperatur braten, bis sie zu knacken und zu hüpfen beginnen. Die Curryblätter, die Kokospaste und das Salz hinzufügen. Köcheln lassen, bis sich das Öl an der Oberfläche absetzt.

Die Mangos untermischen, 125 ml Wasser zugießen und vorsichtig vermischen. Weitere 3 Minuten leise köcheln lassen. (Abb. S. 141)

Süßsaures Gemüsecurry „Gujarat"

In Gujarat, einem Bundesstaat in Westindien, sind die Speisen eher pikant, süß und trocken. Falls Sie mehr Sauce wünschen, verwenden Sie einfach zusätzlich Wasser oder Tomaten. Im letzteren Fall sollten Sie die Säure der Tomaten mit etwas Zucker ausgleichen.

Für 4–6 Personen
Vorbereitungszeit: 20 Minuten
Garzeit: 30 Minuten

250 g Süßkartoffeln, geschält und in Würfel geschnitten
250 g Blumenkohlröschen
1 TL Salz
1 TL Cayennepfeffer
½ TL Kurkuma (Gelbwurz)
1 TL gemahlener Koriander
1 TL Kreuzkümmel (Cumin)
3 EL Pflanzenöl
8 Curryblätter
1 EL Tamarindenpaste (konzentriertes Tamarindenmark, Asialaden)
200 g reife Tomaten, gehackt
1 EL geraspelter Palmzucker oder brauner Zucker

Die Süßkartoffeln und die Blumenkohlröschen in eine Schüssel geben und sorgfältig mit den Gewürzen mischen.

Das Öl in einer großen Kasserolle erhitzen und das Gemüse 5 Minuten darin anbraten, bis es gut gebräunt ist. Die Curryblätter, die Tamarindenpaste, die Tomaten und den Zucker hinzufügen. 250 ml Wasser zugießen und 20 Minuten offen köcheln lassen, bis das Gemüse gar und die Sauce eingedickt ist. (Abb. S. 143)

Süßsaures Gemüsecurry „Gujarat"

Gemüse

Panir Palak

Dieses Gericht ist im Punjab sehr beliebt. Panir (Paneer) ist ein fester Frischkäse aus gesäuerter Milch, der sich mit dem Aroma jeder Marinade vollsaugt und beim Garen seine Form behält. Er ist in asiatischen Feinkostläden erhältlich. Sie können ihn jedoch auch durch Tofu ersetzen oder selbst herstellen (siehe Anmerkung unten).

Für 4–6 Personen
Vorbereitungszeit: 15 Minuten
Garzeit: 25 Minuten

2 kleine rote Zwiebeln, gehackt
1 Knoblauchzehe
3 kleine grüne Chilischoten
1 Stück Ingwer (3 cm), geschält
3 EL Pflanzenöl
125 g Panir (Paneer oder Tofu),
   in Würfel geschnitten
500 g Blattspinat, grob gehackt
1 TL Maisstärke
2 EL Ghee oder Butter
1 TL gemahlener Kreuzkümmel (Cumin)
½ TL Garam Masala
60 ml Naturjoghurt
½ TL Salz
1 EL Sahne

Die Zwiebeln mit dem Knoblauch, den Chilischoten und dem Ingwer zu einer cremigen Paste pürieren. Falls nötig, etwas Wasser zugeben. Das Öl in einer Pfanne erhitzen und den Panir darin 3–5 Minuten anbraten. Auf Küchenpapier abtropfen lassen.

Den Blattspinat waschen, aber nicht abtropfen lassen und in einem Topf 5 Minuten bei aufgelegtem Deckel garen. Die Maisstärke hinzufügen und den Spinat zu einem cremigen Püree verarbeiten.

Das Ghee oder die Butter in einer Kasserolle zerlassen, dann den Kreuzkümmel und das Garam Masala darin 2 Minuten erhitzen, bis die Gewürze zu duften beginnen. Die Zwiebel-Chili-Paste hinzufügen und weitere 10 Minuten anbraten. Den Joghurt unterrühren und köcheln lassen, bis die Sauce dick eingekocht und fast trocken ist. Das Spinatpüree, das Salz, die Sahne und den Panir zugeben. Zum Kochen bringen und weitere 2 Minuten erhitzen. (Abb. S. 145)

Anmerkung: Panir kann man leicht selbst herstellen, indem man Vollmilch erhitzt und unter Zugabe von Zitronensaft gerinnen lässt. Dann gibt man sie in ein Musselintuch, lässt die Molke abtropfen und presst die verbliebene Frischkäsemasse, damit der Käse möglichst trocken wird.

Dal mit Mungbohnen

Falls Mungbohnen in Ihrem Asialaden nicht erhältlich sind, können Sie sie auch durch geschälte halbe gelbe Erbsen ersetzen. Das Ergebnis ist jedoch nicht ganz so cremig. In diesem Fall das Dal etwas länger einkochen lassen, damit mehr Garflüssigkeit verdampft.

Für 4–6 Personen
Vorbereitungszeit: 15 Minuten
Garzeit: 1 Stunde 15 Minuten

440 g Mungbohnen oder geschälte halbe Erbsen
2 EL Pflanzenöl
2 TL schwarze Senfkörner
2 TL gemahlener Koriander
2 TL gemahlener Kreuzkümmel (Cumin)
½ TL Cayennepfeffer
5 Gewürznelken
1 Zimtstange
10 Curryblätter
3 reife Tomaten, gehackt
1 EL geraspelter Palmzucker oder
   brauner Zucker
1 EL Tamarindenpaste (konzentriertes
   Tamarindenmark, Asialaden)
Papadams (hauchdünne, knusprige Brotfladen)
   als Beilage

Die Mungbohnen oder halben Erbsen in kaltem Wasser aufsetzen, zum Kochen bringen und 50 Minuten köcheln lassen, bis sie gar sind.

Das Öl in einer großen Kasserolle erhitzen, dann die Senfkörner 3 Minuten bei mittlerer Temperatur rösten, bis sie zu knacken und zu hüpfen beginnen. Die Gewürze zugeben und weitere 3 Minuten rösten, bis sie zu duften beginnen. Die Tomaten, den Zucker und die Tamarindenpaste unterrühren und weitere 5–10 Minuten köcheln lassen, bis die Sauce eindickt.

Das Dal hinzufügen und nochmals 5 Minuten garen, bis es heiß ist. Mit den Papadams servieren. (Abb. S. 146)

Panir Palak

Dal mit Mungbohnen

Curry mit grünen Bohnen

Curry mit grünen Bohnen

Auch in Südindien kennt man trockene Gemüsecurrys wie dieses, das sich ganz schnell und einfach zubereiten lässt. Die grünen Bohnen können Sie durch Blattspinat oder Auberginen ersetzen.

Für 4–6 Personen
Vorbereitungszeit: 10 Minuten
Garzeit: 15–20 Minuten

2 EL Pflanzenöl
1 TL schwarze Pfefferkörner
2 rote getrocknete Chilischoten, in große Stücke gebrochen
2 TL Currypulver
8 Curryblätter
500 g grüne Bohnen, in Stücke geschnitten
½ TL Salz
2 TL geraspelter Palmzucker oder brauner Zucker

Das Öl in einer Kasserolle erhitzen und die Senfkörner darin 3 Minuten bei mittlerer Temperatur rösten, bis sie zu knacken und zu hüpfen beginnen. Die Chilischoten zugeben und 2 Minuten mitrösten.

Das Currypulver, die Curryblätter, die grünen Bohnen und das Salz untermischen. 2 Esslöffel Wasser hinzufügen und 5–8 Minuten offen köcheln lassen, bis die grünen Bohnen fast gar sind. Den Zucker zugeben und nochmals 3 Minuten garen. (Abb. S. 147)

Einfaches Gemüsecurry

Dieses Rezept habe ich für diejenigen ins Buch aufgenommen, die keine zusätzliche Zeit auf die Herstellung von Currypasten verwenden möchten. In Asialäden finden Sie fertige Currypasten von hervorragender Qualität. Für dieses Curry habe ich eine Madras-Currypaste gewählt, Sie können jedoch auch mildere Currypasten wie Korma oder Tandoori verwenden.

Für 4–6 Personen
Vorbereitungszeit: 15 Minuten
Garzeit: 50 Minuten

2 EL Pflanzenöl
1 kleine rote Zwiebel, fein gehackt
2 EL Madras-Currypaste
1 Möhre, in dicke Scheiben geschnitten
300 g Kürbis, in Würfel geschnitten
2 Zucchini, in Scheiben geschnitten
1 grüne Paprika, Samen und Scheidewände entfernt und gehackt
150 g Erbsen
400 g stückige Tomaten aus der Dose
125 ml Naturjoghurt
40 g Cashewnüsse zum Garnieren

Das Öl in einer Kasserolle erhitzen und die Zwiebel darin bei mittlerer Temperatur 10 Minuten karamellisieren lassen. Die Currypaste hinzufügen und weitere 3 Minuten braten.

Die frischen Gemüse und die Tomaten aus der Dose untermischen. 250 ml Wasser hinzufügen und zugedeckt 20 Minuten köcheln lassen. Den Deckel abnehmen und bei niedriger Temperatur weiter 15 Minuten sanft garen, bis das Gemüse gar ist. Vom Herd nehmen und den Joghurt unterrühren. Das Curry mit den Cashewnüssen garnieren und servieren. (Abb. S. 149)

Einfaches Gemüsecurry

Currypasten, Würzzutaten und Reis

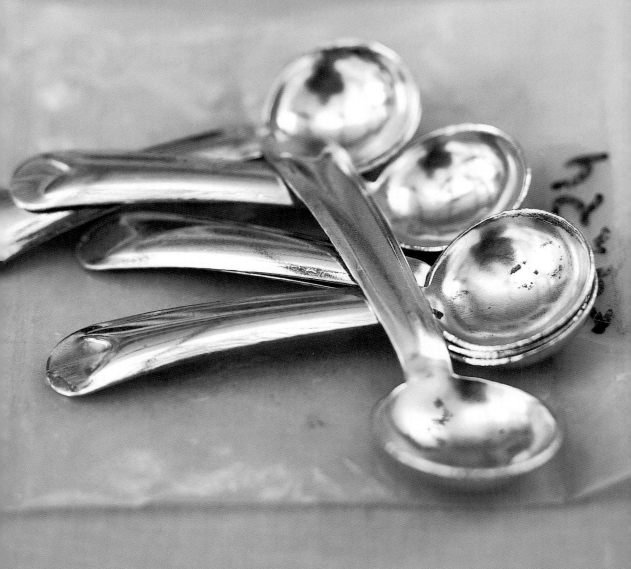

Currypasten, Würzzutaten und Reis

Masaman-Currypaste

3 zerstoßene Kardamomkapseln mit 1 TL Kreuzkümmelsamen (Cumin), 1 EL Koriandersamen, 5 Gewürznelken und 1 Stück Muskatblüte (Mazis) 3 Minuten in einer Pfanne trocken (ohne Fettzugabe) rösten, bis sie intensiv duften, dann in der Gewürzmühle, im Mörser oder in der Küchenmaschine zu einem feinen Pulver verarbeiten. Größere Gewürzteile oder Fasern heraussieben. 6 große, rote getrocknete Chilischoten längs halbieren und die Samen und weißen Scheidewände entfernen (am besten tragen Sie dazu Haushaltshandschuhe). Die Chilischoten 15 Minuten in kaltem Wasser einweichen, abgießen und auf Küchenpapier abtropfen lassen.

Die Gewürzmischung mit den Chilischoten, 1 TL Salz, 1 EL gehacktem Galgant (optional), 2 EL gehacktem Zitronengras (nur der helle Teil), 2 TL gehackter Korianderwurzel, 3 EL gehackten asiatischen Schalotten, 4 EL gehacktem Knoblauch und 2 EL gerösteten Erdnüssen pürieren. Sie können die Currypaste in einem luftdichten Gefäß im Kühlschrank aufbewahren oder für 2 Monate einfrieren. Ergibt etwa 250 ml.

Grüne Currypaste

½ TL Koriandersamen und ½ TL Kreuzkümmelsamen (Cumin) 3 Minuten in einer Pfanne trocken (ohne Fettzugabe) rösten, bis sie zu duften beginnen. Die Mischung zusammen mit 1 TL weißen Pfefferkörnern und 1 TL Kurkuma (Gelbwurz) in der Gewürzmühle, im Mörser oder in der Küchenmaschine zu feinem Pulver verarbeiten. Bei 12 großen grünen Chilischoten die Samen entfernen, die Schoten grob hacken und mit 1 TL Salz zur Gewürzmischung geben. Alles zu einer Paste pürieren. 2 TL gehackten Galgant (optional) zugeben und erneut pürieren, bis sich alle Zutaten gut miteinander verbunden haben. 4 gehackte Stängel Zitronengras (nur der helle Teil), 1 EL gehackte Korianderwurzel, 3 EL gehackte asiatische Schalotten, 2 EL gehackter Knoblauch und 1 TL Garnelenpaste hinzufügen und zu einer cremigen Paste pürieren. Sie können die Currypaste in einem luftdichten Gefäß im Kühlschrank aufbewahren oder für 2 Monate einfrieren. Ergibt etwa 250 ml.

Rote Currypaste

10 große rote getrocknete Chilischoten der Länge nach halbieren und die Samen und weißen Scheidewände entfernen (am besten tragen Sie dazu Haushaltshandschuhe). Die Chilischoten 15 Minuten in kaltem Wasser einweichen, abgießen und auf Küchenpapier abtropfen lassen. Mit 1 TL Salz im Mörser oder in der Küchenmaschine pürieren.

1 TL gehacktes Galgant (optional) und 2 EL gehacktes Zitronengras (nur der helle Teil) hinzufügen und erneut pürieren. 1 TL abgeriebene Schale von einer Kaffirlimette, 4 EL gehackte asiatische Schalotten, 1 TL gehackte Korianderwurzel, 2 EL gehackten Knoblauch und 1 TL Garnelenpaste zugeben und alles zu einer cremigen Paste pürieren. Sie können die Currypaste in einem luftdichten Gefäß im Kühlschrank aufbewahren oder für 2 Monate einfrieren. Ergibt etwa 250 ml.

Garam Masala

Ein einfaches Grundrezept, das man sich leicht merken kann, da dafür jeweils gleiche Mengen der drei folgenden Zutaten verwendet werden: Zimt, Gewürznelken und Pfeffer plus eine kleine Menge Kardamom. Nicht verwendete Reste der Gewürzmischung können in einem luftdichten Gefäß im Kühlschrank aufbewahrt werden. Für die in diesem Buch verwendete Mischung mahlen Sie die folgenden Zutaten in einer Gewürzmühle oder Küchenmaschine zu einem feinen Pulver: 2 Zimtstangen und je 2 TL Gewürznelken, schwarze Pfefferkörner, Fenchelsamen, Kardamomkapseln plus 2 Lorbeerblätter. Ergibt etwa 60 g.

Ingwer-Knoblauch-Paste

Diese für indische Currys sehr häufig verwendete Paste ist in einem luftdichten Gefäß im Kühlschrank aufbewahrt 5 Tage haltbar. 110 g frisch geriebenen Ingwer mit 70 g geschältem Knoblauch in der Küchenmaschine oder im Mörser zu einer cremigen Paste pürieren. Ergibt 180 g.

Masaman-Currypaste

Grüne Currypaste

Rote Currypaste

Garam Masala

Ingwer-Knoblauch-Paste

Currypasten, Würzzutaten und Reis

Koriander-Minze-Chutney

Dieses Chutney passt besonders gut zu Fleischgerichten. 1 Tasse frische Minzeblättchen mit 1 Tasse frischen Korianderblättchen, 1 kleinen grünen Chilischote, ½ gehackten kleinen roten Zwiebel und je ½ TL gehacktem Knoblauch, frisch geriebenem Ingwer, Salz und gemahlenem Kreuzkümmel (Cumin) plus 1 TL Zucker und 1 EL Limettensaft in der Küchenmaschine grob zerkleinern. Das Chutney ist in einem luftdichten Gefäß 1 Woche im Kühlschrank haltbar. Ergibt etwa 500 ml.
Als Variante können Sie 3 EL Naturjoghurt unter das Chutney mischen.

Bananen mit Kokosnuss und Koriandergrün

Eine fantastische Beilage für pikante Fleischgerichte. Die Bananen sollten reif, aber noch fest sein. Noch besser schmeckt die Beilage mit Babybananen, die in Asien überall angeboten werden. Wie ihr Name sagt, sind sie sehr klein, daher muss die Anzahl der angegebenen Bananen verdoppelt werden. Sehr gut auch mit etwas Naturjoghurt sowie mit Sultaninen und klein geschnittenen getrockneten Aprikosen. Am besten bereitet man das Rezept erst direkt vor dem Servieren zu.
3 Bananen in dicke Scheiben schneiden, mit 1 EL Limettensaft beträufeln und sorgfältig vermischen. 20 g Kokosraspel und 1 EL gehackte Korianderblättchen unterrühren. Ergibt etwa 500 ml.

Kokos-Chutney

Dieses Chutney lässt sich am Vortag zubereiten. Am besten schmeckt es mit frischer Kokosnuss. Sie können das Chutney jedoch auch mit 100 g Kokosraspeln zubereiten und etwas mehr Wasser zugeben. Das Fruchtfleisch von 1 kleinen Kokosnuss auslösen und die Haut mit einem Messer entfernen. Das Fruchtfleisch in der Küchenmaschine fein hacken. 3 klein gehackte kleine grüne Chilischoten und 1 EL frisch geriebenen Ingwer hinzufügen. 3 EL Wasser zugeben und erneut pürieren. Die Masse in eine Schüssel umfüllen. 1 EL Pflanzenöl in einer Pfanne erhitzen, dann 1 TL schwarze Senfkörner darin 3 Minuten rösten, bis sie zu knacken und zu hüpfen beginnen. 10 Curryblätter hinzufügen und weitere 2 Minuten rösten, bis sie zu duften beginnen. Vom Herd nehmen. Zur Kokosnussmasse geben und sorgfältig vermischen. Das Chutney ist in einem luftdichten Gefäß 2 Wochen im Kühlschrank haltbar. Ergibt etwa 500 ml.

Tomaten-Zwiebel-Cachumber

Was den Mexikanern ihre Salsa, ist den Indern ihr Cachumber. Diese salatähnlichen Beilagen auf der Basis von rohem Gemüse ähneln einer Salsa in der Tat sehr. 2 große Tomaten und 1 kleine rote Zwiebel in Würfel schneiden. 1 EL gehackte Korianderblättchen, 2 EL Limettensaft und 1 Prise Salz hinzufügen und vorsichtig vermischen. Ergibt etwa 500 ml.

Dattel-Tomaten-Chutney

Dieses Chutney habe ich das erste Mal mit Chapattis verspeist, und zwar bei Reena vor einem Kochkurs, den sie leitete. Die Kombination aus süßen Datteln und aromatischen Fenchelsamen ist wirklich einzigartig. Sie können das Chutney zu einer Mahlzeit servieren oder, so wie Reena, mit indischem Brot. 1 EL Pflanzenöl in einer Kasserolle erhitzen und 1 TL schwarze Senfkörner, 1 TL Bockshornkleesamen und 1 TL Fenchelsamen darin rösten, bis die Senfkörner zu knacken und zu hüpfen beginnen. 1 kg gehackte reife Tomaten hinzufügen und bei mittlerer Temperatur köcheln lassen, bis sie weich sind. Nun 60 g Rosinen, 200 g geraspelten Palmzucker (oder braunen Zucker), 180 g entsteinte Datteln, 2 EL milden Weißweinessig und 1 TL Salz unterrühren. 40 Minuten sanft köcheln lassen, bis das Chutney eingedickt ist. Es ist ein Monat haltbar. Ergibt 1–1,5 kg.

Koriander-Minze-Chutney

Bananen mit Kokosnuss und Koriandergrün

Kokos-Chutney

Tomaten-Zwiebel-Cachumber

Dattel-Tomaten-Chutney

Currypasten, Würzzutaten und Reis

Safranreis

Eine klassisch indische Reiszubereitung, an der ich das subtile Safranaroma liebe – die perfekte Ergänzung zu den meisten Currygerichten. Safran in Pulverform besitzt nicht das volle Aroma der Fäden und ist daher kein guter Ersatz. ½ TL Safranfäden 10 Minuten in 2 EL warmer Milch einweichen. 370 g Basmatireis unter fließendem kaltem Wasser abspülen und mit der Safranmilch in einen großen Topf geben. 1 EL Ghee, 1 Zimtstange und 1 TL Salz hinzufügen. 850 ml Wasser zugießen, zum Kochen bringen und bei hoher Temperatur kochen, bis sich im Reis Krater bilden. Den Deckel auflegen und 15 Minuten bei niedriger Temperatur garen, bis der Reis weich genug ist und das Wasser vollständig aufgenommen hat. Für 4–6 Personen.

Gurken-Raita

Inder essen Raitas ihres kühlenden Effekts wegen zu pikanten Currys. Sie sind leicht zuzubereiten und bestechen durch ihre Einfachheit – wie beispielsweise ein Naturjoghurt, der lediglich mit Salz, Pfeffer und gemahlenem Kreuzkümmel (Cumin) gewürzt wird. Für dieses Rezept 1 kleine Salatgurke in Würfel schneiden und in eine Schüssel geben. ½ gehackte rote Zwiebel, 250 ml Naturjoghurt, je ¼ TL gemahlener Kreuzkümmel (Cumin), Paprikapulver, Salz und Zucker plus 1 TL gehackte Korianderblättchen hinzufügen und sorgfältig vermischen. Ergibt etwa 500 ml.

Zitronenreis

Dieser Reis passt wunderbar zu milden Currygerichten. 370 g Basmatireis in ein Sieb geben und unter fließendem kaltem Wasser abspülen. In einen großen Topf geben und 850 ml Wasser zugießen. 60 g Sultaninen, 1 zerstoßene Kardamomkapsel, ¼ TL Kurkuma (Gelbwurz) und 1 EL Ghee hinzufügen. Zum Kochen bringen und bei hoher Temperatur kochen, bis sich im Reis Krater bilden. Den Deckel auflegen und 15 Minuten bei niedriger Temperatur garen, bis der Reis gar ist und das Wasser vollständig aufgenommen hat. 2 EL Zitronensaft und 50 g geröstete Cashewnüsse untermischen. Für 4–6 Personen.

Ingwerjoghurt

Hält die feurige Schärfe pikanter Currygerichte im Zaum. 250 ml Naturjoghurt mit 1 EL frisch geriebenem Ingwer und je ½ TL sehr fein gehackter grüner Chilischote, Salz und geraspeltem Palmzucker (oder braunem Zucker) sorgfältig vermischen. Ergibt etwa 300 ml.

Joghurtreis

Dieses Reisrezept ist sehr einfach. Ich habe es dennoch hier aufgeschrieben, weil es eindrucksvoll zeigt, wie eine einzige Zutat ein Gericht verwandeln kann. Ich habe diesen Reis zum ersten Mal in Mysore probiert, im Restaurant von Aunty, zusammen mit einem pikanten Gemüsecurry und einem Dal. Besonders gut schmeckt er zu trockenen Currys (wie dem Curry „Kerala" mit Muscheln und Kalmaren auf Seite 108). 370 g Basmatireis in ein Sieb geben und unter fließendem kaltem Wasser abspülen. In einen großen Topf geben, 850 ml Wasser zugießen und zum Kochen bringen. Bei hoher Temperatur kochen, bis sich im Reis Krater bilden. Den Deckel auflegen und 15 Minu-ten bei niedriger Temperatur garen, bis der Reis weich genug ist und das Wasser vollständig aufgenommen hat. Unmittelbar vor dem Servieren 250 ml Naturjoghurt unterrühren. Für 4–6 Personen.

Safranreis

Gurken-Raita
Zitronenreis

Ingwerjoghurt

Joghurtreis

Inhalt

Einführung	5

Huhn und Ente 11

Pikante Curry-Ente mit Ananas	12
Hühnchen „Kerala"	14
Pistazienhuhn	14
„Dschungel-Curry" mit Hähnchen	19
Hähnchen mit Mango und Kokosmilch	20
Thai-Curry mit Hähnchen	22
Ente mit Litschis	22
Hähnchen süßsauer mit Mango	26
Hühnersuppe „Mulligatawny"	29
Hühnerfleisch-Häppchen „Tikka"	30
Butterhähnchen	30
Klassisches Hähnchen-Curry	34
Huhn in Satay-Sauce	37
Zwiebelhähnchen „Dopiaza"	38
Tomatenhuhn mit Senfkörnern	40
Hähnchen mit Cashewnüssen	40
Hühnercurry mit Aprikosen und Cashewnüssen	45
Hähnchen-Masala mit Koriander	46
Laksa mit Huhn und Fadennudeln	46
Hühnercurry mit Mais und Bambussprossen	50
Süß-pikantes Huhn mit Gemüse und Erdnüssen	50

Lamm, Schwein und Rind 53

Lamm mit Kardamom und Aprikosen	54
Keema	56
Tandoori-Lammkoteletts	58
Curry mit Rindfleisch und Kaffirlimettenblättern	60
Masaman-Curry vom Rind	60
Schweinefleisch Vindaloo auf Goa-Art	65
Schweinespießchen mit Satay-Sauce	66
Einfaches indisches Rindfleischcurry	69
Lammcurry „Madras"	70
Rindfleisch Rendang	70
Chili-Hackfleisch mit Basilikum	75
Lammfleisch Saag	75
Roghan Josh	76
Rindfleisch „Penang"	76
Korma mit Lammfleisch	80
Lamm Biryani	83
Curry „Chiang Mai" mit Schweinefleisch	84
Rotes Curry mit Schweinefilet, Kirschtomaten und Kartoffeln	86
Rindfleischcurry mit Kürbis	86
Rotes Curry mit Schweinefilet und Ananas	91

Fisch und Meeresfrüchte 93

Muscheln mit Chili und Zitronengras	94
Mollee mit Fisch	96
Fischküchlein mit rotem Curry	96
Garnelencurry „Goa"	100
Fischfilet aus dem Backofen	102
Meeresfrüchtecurry	102
Sauer-scharfe Suppe mit Garnelen und Chilischoten (Tom yum goong)	106
Fischcurry „Kerala"	106
Curry „Kerala" mit Muscheln und Kalmaren	108
Curry „Chu Chi" mit Jakobsmuscheln und Fisch	108
Frittierte Dorade in süßer roter Currysauce	112

Gemüse 115

Hart gekochte Masala-Eier	116
Dal Makhan	118
Süßsaures Gemüsecurry mit Ei	118
Kartoffeln Masala	122
Pagara Bengan	122
Dal „Mysore" auf Aunty-Art	126
Gemüsecurry mit Kokosnuss und Kichererbsen	126
Avial	128
Rotes Gemüsecurry mit Ananas	128
Grünes Gemüsecurry mit Tofu	133
Curry-Tofu-Spieße mit Satay-Sauce	134
Rotes Curry mit Tempeh	134
Dal mit Spinat	138
Dum Aloo	138
Mango-Senf-Curry	142
Süßsaures Gemüsecurry „Gujarat"	142
Panir Palak	144
Dal mit Mungbohnen	144
Curry mit grünen Bohnen	148
Einfaches Gemüsecurry	148

Currypasten, Würzzutaten und Reis 151

Masaman-Currypaste	152
Grüne Currypaste	152
Rote Currypaste	152
Garam Masala	152
Ingwer-Knoblauch-Paste	152
Koriander-Minze-Chutney	154
Bananen mit Kokosnuss und Koriandergrün	154
Kokos-Chutney	154
Tomaten-Zwiebel-Cachumber	154
Dattel-Tomaten-Chutney	154
Safranreis	156
Gurken-Raita	156
Zitronenreis	156
Ingwerjoghurt	156
Joghurtreis	156

Verzeichnis der Rezepte

Avial (Gemüsecurry)	128
Bananen mit Kokosnuss und Koriandergrün	154
Butterhähnchen	30
Chili-Hackfleisch mit Basilikum	75
Curry „Chiang Mai" mit Schweinefleisch	84
Curry „Chu Chi" mit Jakobsmuscheln und Fisch	108
Curry „Kerala" mit Muscheln und Kalmaren	108
Curry mit grünen Bohnen	148
Curry mit Rindfleisch und Kaffirlimettenblättern	60
Curry, rotes, mit Schweinefilet, Kirschtomaten und Kartoffeln	86
Curry, rotes, mit Schweinefilet und Ananas	91
Curry, rotes, mit Tempeh	134
Curry-Ente, pikante, mit Ananas	12
Currypaste, grüne	152
Currypaste, rote	152
Curry-Tofu-Spieße mit Satay-Sauce	134
Dal „Mysore" auf Aunty-Art	126
Dal Makhan	118
Dal mit Mungbohnen	144
Dal mit Spinat	138
Dattel-Tomaten-Chutney	154
Dorade, frittierte, in süßer roter Currysauce	112
„Dschungel-Curry" mit Hähnchen	19
Dum Aloo (Kartoffelcurry)	138
Ente mit Litschis	22
Fischcurry „Kerala"	106
Fischfilet aus dem Backofen	102
Fischküchlein mit rotem Curry	96
Garam Masala	152
Garnelencurry „Goa"	100
Gemüsecurry „Gujarat", süßsaures	142
Gemüsecurry mit Kokosnuss und Kichererbsen	126
Gemüsecurry, einfaches	148
Gemüsecurry, grünes, mit Tofu	133
Gemüsecurry, rotes, mit Ananas	128
Gemüsecurry, süßsaures, mit Ei	118
Grüne Currypaste	152
Grünes Gemüsecurry mit Tofu	133
Gurken-Raita	156
Hähnchen mit Cashewnüssen	40
Hähnchen mit Mango und Kokosmilch	20
Hähnchen süßsauer mit Mango	26
Hähnchen-Curry, klassisches	34
Hähnchen-Masala mit Koriander	46
Huhn in Satay-Sauce	37
Huhn, süß-pikantes, mit Gemüse und Erdnüssen	50
Hühnchen „Kerala"	14
Hühnercurry mit Aprikosen und Cashewnüssen	45
Hühnercurry mit Mais und Bambussprossen	50
Hühnerfleisch-Häppchen „Tikka"	30
Hühnersuppe „Mulligatawny"	29
Ingwerjoghurt	156
Ingwer-Knoblauch-Paste	152
Joghurtreis	156
Kartoffeln Masala	122
Keema (Hackfleischcurry)	56
Kokos-Chutney	154
Koriander-Minze-Chutney	154
Korma mit Lammfleisch	80
Laksa mit Huhn und Fadennudeln	46
Lamm Biryani	83
Lamm mit Kardamom und Aprikosen	54
Lammcurry „Madras"	70
Lammfleisch Saag	75
Mango-Senf-Curry	142
Masala-Eier, hart gekochte	116
Masaman-Curry vom Rind	60
Masaman-Currypaste	152
Meeresfrüchtecurry	102
Mollee mit Fisch	96
Muscheln mit Chili und Zitronengras	94
Pagara Bengan	122
Panir Palak	144
Pistazienhuhn	14
Rindfleisch „Penang"	76
Rindfleisch Rendang	70
Rindfleischcurry mit Kürbis	86
Rindfleischcurry, einfaches indisches	69
Roghan Josh	76
Rote Currypaste	152
Rotes Curry mit Schweinefilet und Ananas	91
Rotes Curry mit Schweinefilet, Kirschtomaten und Kartoffeln	86
Rotes Curry mit Tempeh	134
Rotes Gemüsecurry mit Ananas	128
Safranreis	156
Sauer-scharfe Suppe mit Garnelen und Chilischoten (Tom yum goong)	106
Schweinefleisch Vindaloo auf Goa-Art	65
Schweinespießchen mit Satay-Sauce	66
Süß-pikantes Huhn mit Gemüse und Erdnüssen	50
Süßsaures Gemüsecurry „Gujarat"	142
Süßsaures Gemüsecurry mit Ei	118
Tandoori-Lammkoteletts	58
Thai-Curry mit Hähnchen	22
Tomatenhuhn mit Senfkörnern	40
Tomaten-Zwiebel-Cachumber	154
Zitronenreis	156
Zwiebelhähnchen „Dopiaza"	38

Danksagung

Zuerst möchte ich mich bei Catie Ziller dafür bedanken, dass sie mir ein weiteres Mal ermöglicht hat, das zu tun, was ich am liebsten mache, nämlich wunderbare Kochbücher schreiben. Es war ein unvergessliches Erlebnis, Indien zu bereisen und jeden Tag Kochkurse mit beeindruckenden Frauen zu besuchen; dieses Kochbuch wäre nie entstanden ohne das Wissen, das meine großartigen Kochlehrerinnen Usha Kotak, Reena, Teena und Aunty an mich weitergegeben haben.

Ein Dankeschön geht auch an Fish: Was ich auch ausprobieren wollte, du hast dich von nichts abschrecken lassen und warst unermüdlich beim Requisiten-Shopping. Und an Claire Musters, die jedes einzelne Curry in diesem Buch getestet hat – dein aufmerksames Auge schätze ich sehr. Ebenso wie an Deirdre Rooney, die das Beste aus meiner Arbeit herausgeholt hat. Dankeschön an Michelle Lucia, die ihr Herz und ihre Seele in dieses Buch gelegt hat. Und an Abi, die unermüdlich zum Probieren vorbeigekommen ist. Carlu Seaver, ich danke dir für dein Engagement und deinen stilsicheren Blick, durch den dieses Buch sein ansprechendes Äußeres erhielt, und an Mel Singer, die stets den perfekten Stoff auftrieb. Vielen Dank auch an meine Freunde, meine Familie und all die Versuchskaninchen, die Woche um Woche Currygerichte verspeisten und mich mit ihrem Feedback ermutigten. Danke auch an Pridey Joy, meinen frechen Hund (der nicht besonders viel für Currys übrig hat), dafür dass er mich liebt, mich herausfordert und mich zum Lachen bringt.

Zum Schluss bedanke ich mich bei all den wundervollen Menschen, die ich auf meinen Reisen durch Thailand und Indien kennengelernt habe und die mich mit einer so herzlichen Gastfreundschaft bei sich aufgenommen haben, die in der westlichen Welt kaum noch zu finden ist.

Ich widme dieses Buch meiner lieben lächelnden Freundin Jem, die es pikant liebte! Ich wünschte, du hättest hier sein und einige Currys probieren können – und hoffe, die köstlichen Düfte sind zu dir hinauf gestiegen.

Ein Dankeschön auch an die folgenden Firmen: Accountrement, Bed Bath and Table, Design Mode International, Food Stuff Monavale, Travellers and Traders, Village Living und Wheel and Barrow Homewares.

Der Verlag bedankt sich ebenfalls bei Sunbeam Appliances, Australien, für die Bereitstellung der Woks und der Küchenmaschine, die für die Zubereitung der Rezepte in diesem Buch verwendet wurden.

Unser Verlagsprogramm finden Sie unter
www.christian-verlag.de

Übersetzung aus dem Französischen:
Susanne Kammerer
Textredaktion: Silvia Rehder
Korrektur: Petra Tröger
Satz: Studio Fink, Krailling
Umschlaggestaltung: Caroline Daphne Georgiadis,
Daphne Design

Copyright © 2009 für die deutschsprachige
Ausgabe: Christian Verlag GmbH, München

Die Originalausgabe mit dem Titel *Curry party* wurde erstmals 2004 im Verlag Marabout, Paris, veröffentlicht.
Copyright © 2004: Marabout, Paris
Rezepte und Foodstyling: Jody Vassallo
Fotos und Layout: Deirdre Rooney

Die Deutsche Bibliothek – CIP Einheitsaufnahme
Ein Titeldatensatz für diese Publikation ist bei der Deutschen Bibliothek erhältlich.
Printed in Spain by Gráficas Estella.
Alle deutschsprachigen Rechte vorbehalten.

ISBN 978-3-88472-938-0

Alle Angaben in diesem Werk wurden von der Autorin sorgfältig recherchiert und auf den aktuellen Stand gebracht sowie vom Verlag geprüft. Für die Richtigkeit der Angaben kann jedoch keinerlei Haftung übernommen werden. Für Hinweise und Anregungen sind wir jederzeit dankbar. Bitte richten Sie diese an:
Christian Verlag
Postfach 400209
80702 München
E-Mail: info@christian-verlag.de